Leseschule 2

Lese-Sprach-Buch · Ausgabe E

neu bearbeitet von

Heike Derwensky, Helmtrud Keck, Sabine Köpp,
Lutz Laufer, Ursula Ledermann,
Andrea Torggler, Regina Winkler-Menzel

auf Grundlage der Ausgabe D

illustriert von

Ulrike Baier
sowie Renate Emme, Heike Herold, Wilfried Poll
und Sandra Reckers

W0214208

Oldenbourg

★ Zusatzaufgabe

➡ Trainingsaufgabe mit Wörtern aus der Wörterliste

Leseschule 2

Lese-Sprach-Buch · Ausgabe E

neu bearbeitet von Heike Derwensky, Helmtrud Keck, Sabine Köpp, Lutz Laufer, Ursula Ledermann, Andrea Torggler, Regina Winkler-Menzel

auf Grundlage der Ausgabe D von Christine Burs, Heike Derwensky, Evelyn Jarosch, Helmtrud Keck, Sabine Köpp, Lutz Laufer, Ursula Ledermann, Erika Schäfer, Regine Winkler

Zu diesem Lese-Sprach-Buch gehören:

Leseschule 2, Arbeitsblätter Lesen und Sprache
112 Seiten, vierfarbig, DIN A4, Loseblattsammlung

Leseschule Arbeitsordner
mit farbigen Registerblättern, ohne Inhalt, DIN A4

Das Papier ist aus chlorfrei gebleichtem Zellstoff hergestellt, ist säurefrei und recyclingfähig.

© 2011 Oldenbourg Schulbuchverlag GmbH, München
www.oldenbourg-bsv.de

Das Werk und seine Teile sind urheberrechtlich geschützt. Jede Nutzung in anderen als den gesetzlich zugelassenen Fällen bedarf der vorherigen schriftlichen Einwilligung des Verlags. Hinweis zu § 52a UrhG: Weder das Werk noch seine Teile dürfen ohne eine solche Einwilligung eingescannt und in ein Netzwerk eingestellt werden. Dies gilt auch für Intranets von Schulen und sonstigen Bildungseinrichtungen.
Der Verlag übernimmt für die Inhalte, die Sicherheit und die Gebührenfreiheit der in diesem Werk genannten externen Links keine Verantwortung. Der Verlag schließt seine Haftung für Schäden aller Art aus. Ebenso kann der Verlag keine Gewähr für Veränderungen eines Internetlinks übernehmen.

1. Auflage 2011
Druck 15 14 13 12 11
Die letzte Zahl bezeichnet das Jahr des Drucks.
Alle Drucke dieser Auflage sind untereinander unverändert und im Unterricht nebeneinander verwendbar.

Umschlagkonzept: Mendell & Oberer, München
Umschlaggestaltung: Erasmi + Stein, München
Umschlagillustrationen: Daniela Kulot, Augsburg
Lektorat: Salomé Dick, Berlin
Bildredaktion: Susanne Reinhardt
Herstellung: Almut Jegodtka
Layout: Erasmi + Stein, München
Satz: artesmedia GmbH, Grasbrunn
Reproduktion: Repro Ludwig, Zell am See
Druck und Bindung: Firmengruppe APPL, Wemding

ISBN 978-3-637-01207-3

Inhaltsverzeichnis

Die Welt der Wörter

Ich, du, wir

Hier und anderswo

Fit und gesund

Wie die Zeit vergeht

Bücher und andere Medien

Wasser und Luft

Fantasie und Märchen

Der Natur auf der Spur

Die Jahresuhr

Werkstatt

Wörter

Wie nennt man, was man alles sieht?
Wie drückt man aus, was so geschieht?
Was alles gibt's in deinem Haus?
Und wie sieht's in dir drinnen aus?
Mit jedem Wort, das dir gefällt,
entdeckst du eine neue Welt.

Klaus H. Sindern

Post für den Tiger

Einmal sagte der kleine Tiger:
„Aber wenn du im Wohnzimmer bist,
ist es mir in der Küche auch so einsam, Bär."

Da legten sie einen Gartenschlauch
von hier nach dort – Haustelefon.

„Hören Sie mich, hallo, hören Sie mich,
wer spricht dort?"

„Hier spricht der Herr Bär,
ich verstehe Sie deutlich."

„Wir könnten doch", sagte der kleine Tiger,
„auch ein Telefon durch den Fluss legen,
dann brauche ich nicht immer
so schwer zu schreiben."

Und das taten sie auch. – Unterwasserkabel.

„Und wenn wir so ein Telefon
unter der Erde hätten“, sagte der kleine Tiger,
„könnten wir durch den ganzen Wald
bis zu unserer Tante Gans telefonieren.“

Da gruben die Maulwürfe ein unterirdisches
Kabel-Telefon-Unterhaltungsnetz.
Von hier nach dort und von dort nach da,
kreuz und quer.

Und jetzt konnte hier jeder im Wald und am Fluss
an jeden einen Brief schreiben und wenn er wollte,
mit seiner Freundin in der Ferne reden.
War das nicht fabelhaft?

„O Bär“, sagte der Tiger,
„ist das Leben nicht unheimlich schön, sag!“

„Ja“, sagte der kleine Bär,
„ganz unheimlich und schön.“

Janosch

Silben lesen

Li mo na de fa bel haft Wohn zim mer

un heim lich Haus te le fon Un ter hal tungs netz

un ter ir disch Gar ten schlauch Pa pa gei

Fest auf dem Hinterhof

Laterne

Obstschale

Würstchen

Krone

Taube

Salatschüssel

1. Erzähle, was du in diesem Erzählfenster siehst.
Für das Erzählfenster brauchst du eine farbige Folie,
in die du in der Mitte ein Fenster schneidest.

2. Schreibe auf, was du auf dem Bild siehst:
Kinder, Tauben, Baum, Krone, Hüte, ...

Die Wörter **K**ind, **N**ina, **T**om, **T**aube, **B**aum, **H**ut, ...
sind Nomen (Namenwörter).
Sie werden großgeschrieben.

Kari Grossmann

Hund

Mond

Luftballon

Grill

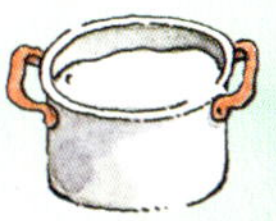

Wassertopf

Brötchen

Becher

Dreirad

3. Manche Dinge kommen in dem Bild nur einmal vor,
andere mehrmals.
Schreibe diese Dinge in der Einzahl
und in der Mehrzahl auf.

Einzahl	Mehrzahl
ein Hut	viele Hüte

Nomen (Namenwörter) können in der Einzahl
und in der Mehrzahl stehen.
ein Fenster – viele Fenster

In meinem Haus ...

An meinem Herd
kocht ein Pferd.

In meiner Vase
hockt ein . . .

Vor meinem Spiegel
kämmt sich ein . . .

Auf meiner Liege
schläft eine . . .

An meiner Matratze
kratzt eine . . .

Auf meinem Tisch
zappelt ein . . .

Über meine Decke
kriecht eine . . .

Auf meinem Klavier
spielt ein . . .

Und oben im Haus
sitzt eine . . .

Ich glaub,
ich zieh aus!

Jule Ehlers-Juhle

1. In diesem Gedicht fehlen einige Wörter.
Lest es abwechselnd und ergänzt die Sätze.

2. Beim Lesen hast du gehört, dass es in dem Gedicht viele Reimwörter gibt.
Schreibe die Reimwörter so auf:
Herd – Pferd
Vase – Hase
...

3. Schreibe ein eigenes Gedicht mit Reimwörtern.
Zuerst musst du dir Reimwörter überlegen:

So könnte dein Gedicht beginnen:
In meinem Turm
kocht ein Wurm.
Auf meinen Zeh
tritt ein Reh ...

★ 4. Schreibt die Reimwörter auf Kärtchen.
Auf jedes Kärtchen schreibt ihr nur ein Wort.
Spielt Paare finden.

Kribbelnase

Kribbel, Krabbel, krüße,
erst hast du kalte 
Kribbel, Krabbel, krase,
dann kribbelt's in der 
Kribbel, Krabbel, kropfen,
schon tropft der erste 
Kribbel, Krabbel, kruch,
jetzt schnell ein 
Kribbel, Krabbel, kroffeln,
nur schnell in die 
Kribbel, Krabbel, krüße,
sonst kriegst du kalte 
Kribbel, Krabbel, krase,
dann kribbelt's in der 

KNISTER

Einer zu viel

SALATMANDER

MIEZEKRATZE

SCHMUSESTIER

MAISKÄFER

BRIEFTRAUBE

SCHLÄFERHUND

Heiko Balhorn

1. Erkläre die Überschrift.

2. Schreibe die Wörter auf.
Markiere die Stelle, die du verändert hast.
Salatmander – Salamander

Sätze wachsen

Wir …
Wir wollen …
Wir wollen nicht …
Wir wollen nicht länger …
Wir wollen nicht länger Fußball …
Wir wollen nicht länger Fußball gucken.

Sie …
Sie bleibt …
Sie bleibt morgens …
Sie bleibt morgens immer …
Sie bleibt morgens immer zu lange …
Sie bleibt morgens immer zu lange im Bett.

Er …
Er schreibt …
Er schreibt viel …
Er schreibt viel zu langsam …
Er schreibt viel zu langsam ab.

Er …
Er liest …
Er liest gerne …
Er liest gerne nur …
Er liest gerne nur kurze …
Er liest gerne nur kurze Geschichten.

Sie …
Sie sieht …
Sie sieht nicht …
Sie sieht nicht gut …
Sie sieht nicht gut aus.

1. Lass auch Sätze wachsen. Schreibe sie auf.

Ich …	Ich …	Ich …
Ich mag …	Ich streite …	Ich laufe …

Ein Satz, der etwas erzählt, heißt Aussagesatz.
Das erste Wort im Satz wird immer großgeschrieben.
Am Ende eines Aussagesatzes steht ein Punkt. **.**

Verwürfelte Sätze lesen

geht **E**r nicht in die Schule. gerne
bellt **M**ein Hund ganz leise. immer nur
räume **D**as Spielzeug ich nie auf. abends

Von A bis Z

1. Ordnet eure Namen nach dem ABC.

2. Schreibt ein Namen-ABC.
Findet ihr zu jedem Buchstaben einen Namen?

A: Anna
B: Berger
C: Celina
...

★ **3.** Schreibt zu anderen Themen ein ABC.

Kreuz und quer durchs ABC

In ABC-Büchern findest du viele Geschichten und Reime zum ABC.

1. Welche Buchstaben fehlen? A B D E   K L N O   U W X Y

2. Suche jeweils die Nachbar-Buchstaben. Schreibe so: C, D, E

D   H   L   S   Y

3. Ordne die Wörter nach dem ABC.
Wie heißen die Sätze? Schreibe sie auf.
Der Satzanfang ist besonders gekennzeichnet.

Heu   Elefanten   **D**ie   fressen   gerne   .

Pistazien   Löwen   mögen   ohne   nichts   **K**leine   .

4. Suche alle Wochentage in der Wörterliste.
Schreibe sie nach dem ABC auf.

5. Suche in der Wörterliste und schreibe auf.
- Wie heißt das Wort nach Vater?
- Welches Nomen (Namenwort) steht zwischen Feld und Finger?

★ **6.** Stellt euch eigene Suchaufträge.

Das ABC im Rückwärtsgang

Kennst du das
ZYX?
Für den Könner
ist das nix.

WVU,
TSRQ.
Siehst du wohl,
das geht im Nu.

PONM,
LKJI.
Aufgepasst!
Das schadet nie.

Noch mal Gas,
dann sind wir da:
HGFE,
DCBA.

Josef Guggenmos

1. Hier sind 8 Buchstaben eingeschmuggelt.
Sie ergeben ein anderes Wort für das ABC.

A	B	C	D	A	E	F	G	L	H	I	J	P	K	L	H	M
N	O	A	P	B	Q	R	E	S	T	U	V	T	W	X	Y	Z

Am Telefon

1. Im Telefonkabel ist ein **o**. Repariere das Kabel.
Schreibe auf, was sich die Kinder sagen.

2. Wie hört es sich an, wenn im Kabel ein **i** ist?
Sprecht euch gegenseitig vor.

3. Immer Ärger mit dem Telefon. Was ist hier passiert?

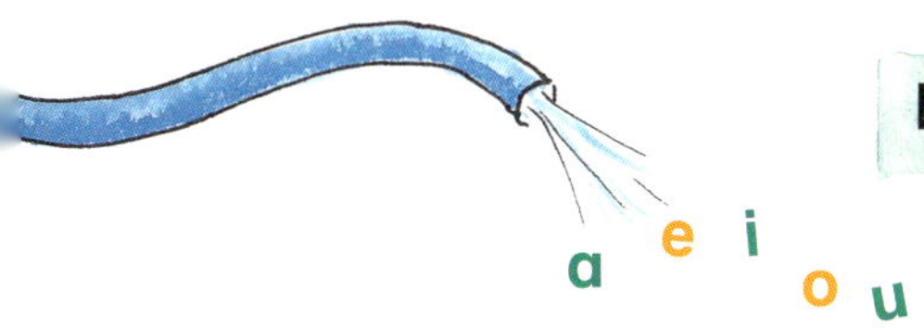

H■nd P■pp■ H■mm■l M■tt■

T■nn■ H■lm T■sch■ L■mp■n

Schreibe die Wörter auf. Markiere die fehlenden Buchstaben.
Hund, Hand, ...

> Die Buchstaben a, e, i, o, u heißen Selbstlaute.
> Die anderen Buchstaben heißen Mitlaute.

4. Schreibe die Sätze auf.

Die H■mm■l kr■bb■lt ■n d■r W■nd.
T■n■ h■t eine r■te T■sch■.

Geschichten von Nulli und Priesemut

Das ist der Hase Nulli und
das ist der Frosch Priesemut.
Sie erleben viel miteinander.

Matthias Sodtke

1. Was erleben Nulli und Priesemut?
Schreibe eine Geschichte.

Koffer packen

Ball

Auto

Buch

Ente

Schachtel

Tasche

Uhr

Handtuch

1. Nulli und Priesemut fahren in den Urlaub.
   Schreibe die Nomen (Namenwörter)
   in der Einzahl und in der Mehrzahl auf.

Einzahl	Mehrzahl
eine Schachtel	viele Schachteln

2. Ordne auch diese Nomen (Namenwörter)
   in die Tabelle ein.
   Sprich beim Schreiben leise mit.

Sand Zahl Seife Schere Telefon Eltern

Schmetterling Teddy Hose Cent Blume

Familie Salz Busch

Schuh Obst Christbaum

der	die	das
der Cent	die ...	das ...

Nomen (Namenwörter) haben Artikel (Begleiter):
der, die, das.

Qu qu wie Quatsch machen

Nulli hüpft auf der Matratze,
verdreht die Augen, zieht eine Fratze.

Priesemut piepst wie eine Maus,
streckt Nulli lang die Zunge raus.

Man quiekt und quakt – mal laut, mal leise,
rennt kreuz und quer, dreht sich im Kreise.

Erschöpft fallen sie aufs Bett und lachen:
So herrlich, mal nur Quatsch zu machen!

Matthias Sodtke

Wörter mit Qu/qu

Qu-Wörter sind schwierig? – Quatsch!
Immer wenn du kw hörst, schreibst du Qu oder qu.

1. Suche Wörter mit Qu oder qu in der Wörterliste, im Wörterbuch oder in der Geschichte von Nulli und Priesemut.
Schreibe sie auf und markiere Qu/qu.

> Du hörst kw und schreibst Qu oder qu.

2. Schreibt die Rechtschreibregel zu euren Qu-Wörtern auf ein Plakat.

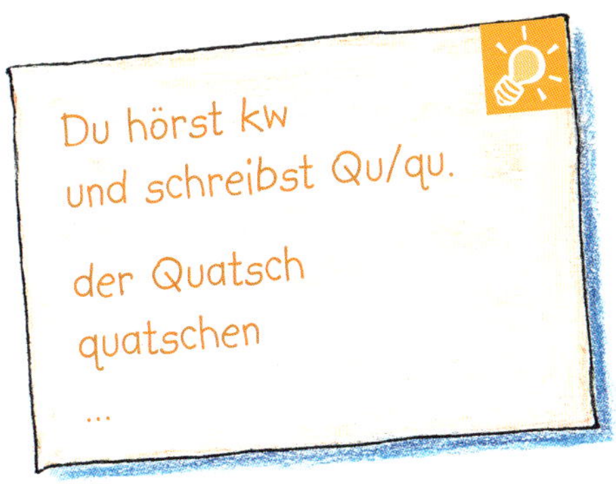

3. Lies die Sätze. Setze passende Wörter ein.
Schreibe auf und markiere qu.

bequem | Aquarium | überqueren | Früchtequark

Die Klasse möchte ein ___ einrichten.
Das Sofa in der Leseecke ist ___.
Heute gibt es in der Pause ___.
Viele Kinder müssen gefährliche Straßen ___.

Das kleine Känguru auf Abenteuer

„Da vorne steht ein Haus!“,
sagt das kleine Känguru.
„Sieht nicht so aus,
als ob da jemand wohnt.
Am besten, wir gehen mal rein
und schauen nach“,
schlägt die Springmaus vor.

„Man geht nicht einfach
in ein fremdes Haus,
ohne anzuklopfen“,
sagt das kleine Känguru.

„Wir können ja mal rufen“,
sagt die Springmaus. „Hallo!“
„Sei mal leise,
ich hab was entdeckt!“,
ruft das kleine Känguru.

„Hier neben der Tür ist eine Klingel
und ein Türschild.“
„Und was steht auf dem Schild?“,
fragt die Springmaus neugierig.

„Lies es doch selbst!“,
sagt das Känguru.

„Kann ich nicht!
Das Schild hängt viel zu hoch.
Du musst es mir vorlesen.“

„F-a-u-l-t-i-e-r“,
buchstabiert das kleine Känguru.
„Ach so: Faultier.
Hier wohnt ein Faultier.
Das hätten wir uns
ja gleich denken können!“

Die beiden drücken abwechselnd
auf den Klingelknopf.
Drinnen im Haus schellt es laut.
Das ist aber auch alles.

„Niemand da“,
will das kleine Känguru gerade sagen,
da öffnet sich ganz, ganz langsam
ein zerbrochenes Fenster.
Ein verschlafenes Tier schaut heraus.

„Wer – klingelt – denn – da?“,
fragt es.
Es spricht sehr langsam
und macht nach jedem Wort
eine lange Pause.

Erst sind die Springmaus
und das kleine Känguru
sehr erschrocken.

Dann fasst sich die Springmaus
ein Herz und fragt:
„Bist du das Faultier?“
„Nein, – ich – bin – sein – Bruder“,
sagt das schläfrige Tier
und gähnt herzhaft.

„Weißt du vielleicht,
wo wir einen Strauß finden können?“,
fragt das kleine Känguru schnell.

„Das – weiß – ich – auch – nicht.
Aber – ihr – könnt – ja ...“
Das Tier hört auf zu reden
und fängt an zu schnarchen.

Paul Maar

1. Lest die Geschichte mit verteilten Rollen.

2. Probiert unterschiedliche Möglichkeiten aus, wie die Tiere sprechen.

Der verdrehte Schmetterling

Ein Metterschling
mit flauen Blügeln
log durch die Fluft.
Er war einem Computer entnommen,
dem war was durcheinandergekommen,
irgendein Drähtchen,
irgendein Rädchen.
Und als man es merkte,
da war's schon zu spätchen,
da war der Metterschling schon feit wort,
wanz geit.
Mir lut er teid.

Mira Lobe

Ich bin ein Wunder

Ich bin ein Wunder:
kann gehen,
sehen,
mich drehen
ganz wie ich will,
kann lachen,
Dummheiten machen,
gar nichts machen,
kann denken,
schenken,
ein Auto lenken,
kann träumen,
klettern in Bäumen,
kann trinken,
winken,
mich wehren,
mit Freunden
verkehren.
Ich,
du,
er – sie – es,
wir alle sind Wunder.

Klaus Kordon

1. Überlege: Was kannst du alles?
Was gefällt dir an dir besonders gut?
Begründe.

2. Trefft euch im Doppelkreis.
Die Kinder im Außenkreis erzählen ihren Partnern im Innenkreis, was sie sich überlegt haben.
Nun rutschen die Kinder im Innenkreis einen Stuhl nach rechts. Sie berichten ihrem neuen Partner.

3. Schreibe deinen eigenen Ich-Text.

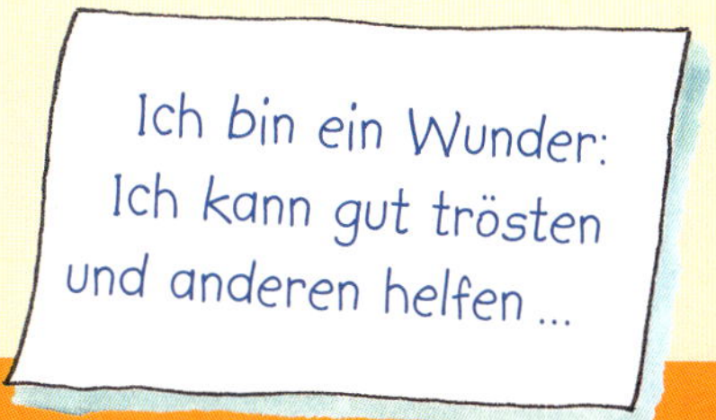

Ich will die!

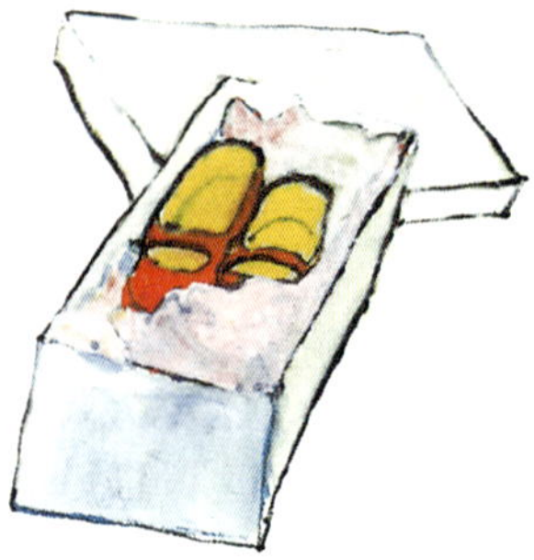

Lisas alte Schuhe sind nicht mehr schön.
Sie bekommt neue.
Und sie weiß schon, welche sie will.
„Die da!"

„Das ist das letzte Paar",
sagt die Verkäuferin.
„Welche Größe?"
Mama nennt die Größe.
„Dann sind sie zu klein",
sagt die Verkäuferin.
Lisa glaubt ihr kein Wort.
„Ich will die! Ich will die!"
Die Verkäuferin holt die Schuhe.

Lisa zieht sie an.
„Sie passen. Guck mal!"
Mama glaubt ihr kein Wort.
„Sie fallen groß aus",
sagt die Verkäuferin.
Mama lässt immer neue Schuhe holen.
Bei jedem Paar sagt Lisa:
„Nein, ich will die!"
Mama wird böse.
Die Verkäuferin ist schon böse.

Lisa bekommt ihre Schuhe
dann doch.
Sie darf sie selber tragen,
in einem Karton.
Beim Abendessen stehen die Schuhe
neben ihrem Teller.

Als sie schlafen geht,
stehen sie auf ihrem Kissen.
Nach dem Aufwachen
zieht sie ihre Schuhe gleich an.
Schön!

Dann fahren sie zur Oma
nach Hamburg.
Denn Oma hat Geburtstag.
Im Bus spürt Lisa ihren großen Zeh.
Ein kleines bisschen.
Auf dem Bahnsteig spürt Lisa
ihren kleinen Zeh ein bisschen sehr.
Im Zug zieht Lisa ihre Schuhe
ein bisschen aus.

In Hamburg müssen sie
ganz bis zur Alster.
Vor Omas Tür spürt Lisa fast alle Zehen.
Alle zehn.
Und zwei Fersen.
„Was für wunderschöne Schuhe“,
sagt Oma. „Die sind bestimmt neu!“
Lisa traut sich nicht, ihre Schuhe
auszuziehen.

Nur im Klo, mit verriegelter Tür.
Sie stellt sich in die Kloschüssel und
drückt auf die Spülung.
Hach, toll!
Aber dann muss sie die Schuhe
wieder anziehen.
Das ist schlimm.

Aber das Allerschlimmste kommt noch.
Der Weg nach Hause.
Laufen tut weh.
Nicht-Laufen tut auch schon weh.
Zu Hause, im Flur, kann Lisa
nicht mehr.
Sie fängt laut an zu weinen.
„Aua, au, au, au.“
Mama erschrickt.

„Kind, was ist los? Tut dir
der Kopf weh? Oder der Bauch?
Der Hals? Das Ohr?“
„Neiiin, die Schuhe!“
Dann sieht Mama Lisas arme Zehen.
Und die Fersen.
Und da muss Mama selber weinen.
Arme, kleine Zehen.
Lisa bekommt ganz schnell ein Fußbad.

Die neuen Schuhe kommen
in den Schrank. Bis Lisa mal
eine kleine Schwester bekommt.
Oder eine Kusine.
Oder später mal ein Kind.
Und um sie ab und zu anzugucken.
Weil sie so schön sind.
Mama darf sie nicht verkaufen.

Lisas alte Schuhe sind nicht mehr schön.
Aber sie gehen doch noch.
Man kann prima damit laufen und
springen und zur Oma gehen.
Und bald bekommt Lisa neue Schuhe.
Sie weiß auch schon, welche sie will …

Imme Dros

Im Kaufhaus

1. Hier ist etwas durcheinandergeraten.
   Überlege, was zusammenpasst.
   Schreibe die Sätze richtig auf.

Die Verkäuferin steckt die Hosen	zur Kasse.
Jule geht mit dem Geschenk	in die Einkaufstüte.
Eine Frau sucht am Kleiderständer	die Rolltreppe.
Viele Kunden benutzen	ein Sommerkleid.
In der Spielzeugabteilung herrscht	das große Puppenhaus.
Ein Kind wünscht sich	ein großes Gedränge.

2. Schreibe die Sätze richtig auf.
   Kontrolliere mithilfe der Prüfpfeile.

   Lisa geht mit Mama in die Stadt
   sie bekommt neue Schuhe
   Lisa sucht sich ein Paar rote Schuhe aus
   Mama kauft die Schuhe
   darüber freut sich das kleine Mädchen sehr
   sofort zieht Lisa die neuen Schuhe an

Prüfe, ob du die Satzanfänge großgeschrieben hast.

Prüfe, ob du am Satzende einen Punkt gesetzt hast.

Die neuen Schuhe

Sven bekommt neue Turnschuhe mit seiner Oma
darf er sie selbst aussuchen
die neuen Turnschuhe drücken Oma
tröstet Sven mit den alten Schuhen
konnte er viel besser laufen bis morgen
muss er warten mit Papa tauscht er
die Schuhe um

1. Lies einem anderen Kind den Text vor.
   Lies so, dass es hört, wo du Punkte setzen würdest.

2. Schreibe die Sätze richtig auf.
   Schreibe so:
   Sven bekommt neue Turnschuhe.
   Mit ...
   Kontrolliere mit den Prüfpfeilen von Seite 38.

3. In wie viele Sätze kannst du
   diesen Bandwurm-Satz aufteilen?
   Meine neuen Fußballschuhe sind super,
   die anderen in der Mannschaft sind sicher
   neidisch, ich will gleich ein Tor schießen.

4. Bilde Sätze mit den Wörtern.
   Markiere ß.

   heiß groß weiß Fuß

Wörter laut lesen

schießen Kuss beißen groß Fuß Schuss
biss Gruß weiß Fluss wissen grüßen

Küchendienst

Papa fängt an zu spülen.
Jule soll abtrocknen.

„Ich muss mal eben“,
sagt sie
und holt heimlich
ein Buch
aus ihrem Zimmer.

Damit flitzt sie aufs Klo
und lässt es sich gutgehen.

Lesen ist spannender
als abtrocknen!
Jule liest und liest …
Bis Papa
an die Tür klopft.
„Jule! Küchendienst!“

„Es dauert
noch ein bisschen“,
antwortet Jule.
„Vielleicht habe ich Durchfall.“

„Was heißt: vielleicht?“,
fragt Papa.
„Ja oder nein?“

„Neinnn“,
sagt Jule und seufzt
und steckt das Buch
ins Regal
zwischen die Handtücher.
Dann verlässt sie
den gemütlichen Ort.

„Mogelvogel“, sagt Papa und
wedelt mit dem Geschirrtuch.

„Ich musste wirklich“,
beteuert Jule.
„Ganz ehrlich!“

„Na klar“, sagt Papa.
„Aber ein Mogelvogel
bist du trotzdem.
Stimmt's?“

„Vielleicht “,
sagt Jule
und grinst
und fängt an,
zu arbeiten.

Anne Steinwart

Was Kinder machen

das Gemüse schneiden
den Tisch decken
die Blumen gießen
die Orangen schälen

die Post holen
den Papierkorb leeren
die Katze füttern
das Zimmer saugen

Die Wörter holen, schneiden, ... sind Verben (Tunwörter).
Sie stehen so in der Wörterliste.
Das ist die Grundform.

1. Was gibt es im Haushalt noch alles zu tun?
Schreibe auf.
Unterstreiche die Verben (Tunwörter).

2. Wie können sich Papa und Jule die Arbeit aufteilen?
Wähle einige Aufgaben aus und schreibe so:
Papa und Jule kochen.
Jule spült.
Papa und Jule schneiden Gemüse.
...

3. Welche Aufgaben übernimmst du in der Schule?
Schreibe auf.
Ich wische die Tafel. Ich ...

4. Unterstreiche in deinen Sätzen die Verben (Tunwörter).
Was fällt dir auf?

Verben (Tunwörter) können sich im Satz verändern:
ich male, du malst, ...

5. Was machen Kinder gerne?
Suche Verben (Tunwörter).
Schreibe Sätze mit den Verben.
Du malst ein Bild. Wir fahren ...

ich male
du malst
er, sie, es malt
wir malen
ihr malt
sie malen

6. Lies die Sätze. Setze die Verben (Tunwörter) passend ein. Schreibe auf.

klingeln, erzählen, schreiben, liegen, wandern, spielen, halten, beobachten, gehen

Julian ___ an Antons Haustür.

Das Mädchen ___ krank im Bett.

Paula ___ ihrer Freundin Carla einen Brief.

Oma Lisbeth ___ ihren Enkelkindern eine Geschichte.

Nalan, Annika und Marina ___ jeden Tag zusammen zur Schule.

Die Kinder der Klasse 2 b ___ zum Bauernhof.

Melda und Rima ___ im Garten.

Nele ___ einen Frosch.

Der Bus ___ am Bahnhof.

Bei Liebeskummer Apfelmus

Einmal, als der kleine Bär mit seiner Angel nach Hause kam, saß der kleine Tiger hinter dem Korb auf der Erde und weinte hundserbärmlich wie eine Regenwolke.
„Was hast du, mein alter Junge?“, rief der kleine Bär. „Bist du verwundet? Oder schmerzt es dich an Leib und Seele oder wo?“
„An Leib und Seele“, heulte der kleine Tiger, „denn ich habe lauter Liebeskummer. “
„O je“, rief der kleine Bär. „Das kenne ich, schmerzt hart wie Eisen. Da muss ich dir sofort etwas kochen. Apfelmus.“

Und gleich holte er aus der Kammer neun Äpfel,
denn neun ist eine gute Zahl gegen Liebeskummer.

Teilte die Äpfel, schnitt das Gehäuse heraus
und tat sie mit der Schale in den Topf,
denn die Schale ist gesund.
Gab nicht zu viel Wasser darüber,
aber einen Löffel Zucker und eine dicke Scheibe Zitrone,
denn Zitrone ist auch gesund.
Und dann noch eine kleine Zimtstange
und eine Gewürznelke dazu.
Durchpassieren. Apfelmus.

Als der kleine Tiger seine Portion und auch noch eine halbe
vom kleinen Bären weggeputzt hatte, lachte er wieder und
die Sonne schien durch die Gardine.
Liebeskummer vorbei.

„Warum hattest du denn Liebeskummer?“,
fragte der kleine Bär.
„Weil … Maja Papaya“, sagte der kleine Tiger,
„weil … und zwar hat sie den Maulwurf geküsst.
Wann kochst du mir einmal eine Überraschung, sag?“

„Übermorgen“, sagte der kleine Bär, „möglicherweise.“
Also schwang sich der kleine Tiger auf sein Tigerbikel und fuhr wieder hinaus in die freie Welt.

Janosch

Der kleine Bär überlegt,
wie er den kleinen Tiger trösten kann.
Er schreibt ihm einen Brief.

1. Schreibe den Brief weiter.

2. Schreibt euch gegenseitig Briefe.
   Ihr könnt eine Klassenpost einrichten.

3. Welcher Brief kommt an?

Lange Wörter leichter lesen

Liebeskummer Apfelmus Obstkorb Maulwurf Regenwolke
Suppenschüssel Blumentopf Tigerente Zimtstange
Gewürznelke Apfelgehäuse Zitronenscheibe

Miteinander in der Klasse

1. Würdest du dich in dieser Klasse wohlfühlen?
Begründe deine Meinung.

2. Sieh dir das Bild an.
Suche dir mit dem Erzählfenster ein Kind aus.
Wie geht es diesem Kind?

3. Überlegt, worauf die Kinder achten müssen, damit das Gespräch gelingt.
Schreibt eure Tipps auf.

Gesprächsregeln vereinbaren

1. Vereinbart Gesprächsregeln.
   Teilt eure Klasse in zwei Gruppen auf.

Gruppe sprechen 

1. Überlege dir drei Tipps. Schreibe jeden Tipp auf einen eigenen Zettel.
2. Suche dir einen Partner aus deiner Gruppe. Vergleicht eure Tipps und entscheidet euch für zwei Tipps.
3. Bildet eine Vierergruppe. Vergleicht wieder und sortiert doppelte Tipps aus. Bestimmt einen Gruppensprecher.

Gruppe zuhören 

1. Überlege dir drei Tipps. Schreibe jeden Tipp auf einen eigenen Zettel.
2. Suche dir einen Partner aus deiner Gruppe. Vergleicht eure Tipps und entscheidet euch für zwei Tipps.
3. Bildet eine Vierergruppe. Vergleicht wieder und sortiert doppelte Tipps aus. Bestimmt einen Gruppensprecher.

4. Stellt eure Gruppenergebnisse der ganzen Klasse vor.
5. Sammelt eure Gesprächsregeln.

Gesprächsregeln:
Ich spreche deutlich.
Ich bleibe beim Thema.
...

Lisa kann was

Heute ist ein neues Kind in die Klasse gekommen. Die Lisa. Sie ist schon neun Jahre alt. Aber die ist noch wie ein Baby: Sie kann noch nicht laufen. Und sprechen kann sie auch nicht. Oder doch: Sie spricht eine Geheimsprache. Die Geheimsprache verstehen nur ihre Mutter und die große Freundin von Lisa. Aber unsere Lehrerin versteht sie nicht. Obwohl die doch sonst fast alles kann. Sie sagt: „Da haben wir ja noch ’ne Menge zu lernen." Sie sagt, die Lisa ist „behindert". Das sehen wir auch. Die Lisa sitzt nämlich immer in ihrem Rollstuhl. Weil die ja nicht gehen kann. „Behindert". Komisches Wort. Und alleine ihr Brot essen kann die Lisa auch nicht. Die wird noch gefüttert. Die hat immer einen Finger im Mund und beißt da drauf. Das habe ich mal ausprobiert. Ist doof. Da läuft immer Spucke aus dem Mund. Ich mag ihr gar nicht die Hand geben. Aber unsere Lehrerin sagt, das muss ich auch nicht. Ich kann mich ja auf die andere Seite von der Lisa setzen, die andere Hand ist nicht im Mund und auch nicht nass. Und spielen oder schreiben oder malen kann die Lisa auch nicht alleine. Die kann gar nichts festhalten. Das fällt ihr alles immer wieder aus der Hand. Also kann sie auch keinen Stift halten. Mein Bruder, der Patrick, der hat gesagt: „Die Lisa kann ja gar nichts." Aber das stimmt doch nicht.

Einmal habe ich die Lisa in ihrem Rolli geschoben. Ich hab sie über den ganzen Schulhof geschoben. Wenn sie nämlich eine Freundin hat, die sie überall hinschiebt, dann kommt Lisa auch überall hin. Und Lisa hat gelacht. Na, bitte. Die Lisa kann doch was!

Angelika Koch

1. Lisa ist anders. Sprecht darüber.

2. Überlegt gemeinsam:
Wann sind andere Kinder für euch wichtig?

3. In der Klasse sind alle wichtig.
Jedes Kind kann etwas anderes gut.
Schreibe einen Namen groß auf eine Karteikarte.
Notiere dazu, was das Kind gut kann
und wobei es anderen helfen kann.

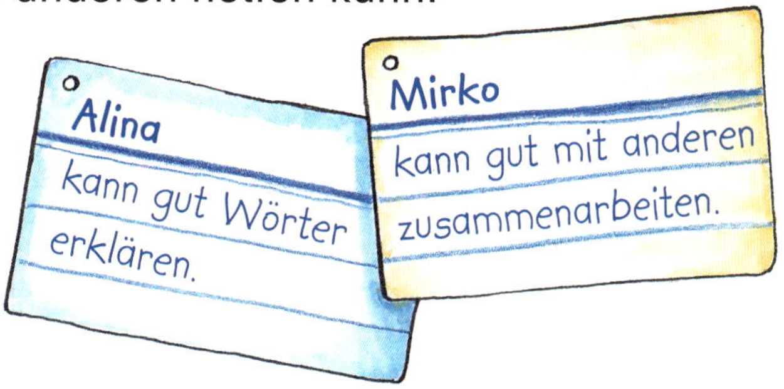

4. Sammelt eure Karten. Hängt sie auf.
Wer Hilfe braucht, kann eine Klammer
mit seinem Namen an die passende Karte heften.

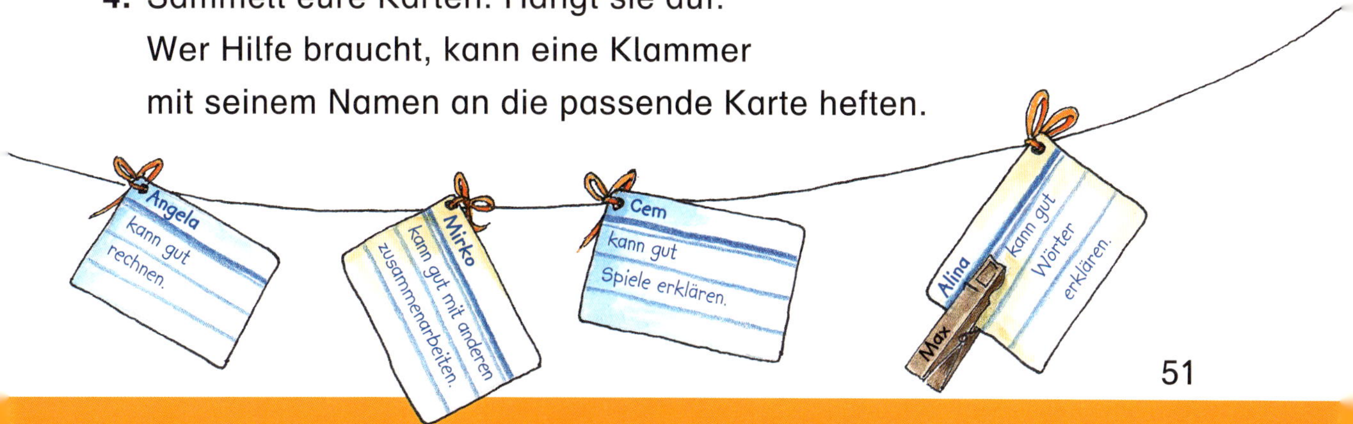

Wahre Freunde

Was ist hier los?

Der hat meinen Schulranzen weggeworfen!
Der hat meine Mütze geklaut!
Der hat mir sein Butterbrot ins Gesicht gedrückt!
Aber der hat seinen Popel an meine Jacke geschmiert!
Zuerst hat der seine Popel an meine Hose geschmiert!
Nein, du hast zuerst …!
Überhaupt hast du meine Schwester gehauen!
Du hast gar keine Schwester!

Du lügst!
Du lügst!

Idiot!
Doofmann!

Aber **du** hast doch … Oder?

Hab ich nicht!

Sag mal, woll'n wir Fußball spielen?

Klar.

Dann bis nachher.

Cool!

Manuela Olten

1. Sieh dir die beiden Kinder genau an.
   Was erzählen dir die Körper und Gesichter der Jungen?

2. Auch du kannst dich ohne Worte ausdrücken.
   Spiele es deiner Klasse vor.

   wütend | fröhlich | aufgeregt | ärgerlich | ängstlich

   Verstehen dich die anderen Kinder?

Mit der Stimme spielen

Ich freue mich so.
Ich **freue** mich so.
Ich freue mich **so**.

Jetzt reicht es mir.
Jetzt **reicht** es mir.
Jetzt reicht es **mir**.

Der Klassenrat

1. Kennt ihr auch solche Situationen? Sprecht darüber.

2. Sucht Möglichkeiten, wie man die Probleme lösen könnte. Sammelt eure Vorschläge.

3. Führt einen Klassenrat durch. Geht so vor:

Blitzlichtrunde →	Jedes Kind sagt, wie es ihm gerade geht.
Problemrunde →	Wer ein Problem hat, stellt es vor. Die anderen Kinder hören genau zu.
Helferrunde →	Jedes Kind darf einen Vorschlag zur Lösung des Problems machen.
Lösungsrunde →	Entscheidet euch für eine Lösung.

★ 4. Wählt aus, wer welche Rolle übernimmt: Gesprächsleitung, Helfer, Ruhewächter.

Fünf Freundinnen
(Eine steht immer im Mittelpunkt)

```
B R I G I T T E
A             U
R             G
B   I N G E   E
A             N
R             I
A M B R O S I A
```

Hans Manz

Zwei Brüder
(Einer wird an die Wand gedrückt)

```
         MAXT
      MAXMAXI
   MAXMAXMAXM
```

Hans Manz

1. Hans Manz erzählt, wie Kinder miteinander umgehen.
   Sprecht darüber.

★ 2. Wie heißen deine Freundinnen und Freunde?
   Schreibe ihre Namen auf Karten.
   Lege die Karten zu einem Bild
   und erzähle dazu.

Versteckte Namen lesen

Marienkäfer   Petersilie   Lotto

Tomate   Kanne   Nelke   Ringe

Spinat   Ebene   Januar

Der alte und der kleine Max

Manchmal kommt Opa auf Besuch. Manchmal kommt er mit Oma. Manchmal kommt er auch allein. Dann sagt Max: „Bestimmt hast du dich wieder mit Oma gestritten.“ „Nur ein bisschen“, sagt der Opa. „Wenn’s recht ist, warte ich bei euch, bis sich zu Hause das Gewitter verzogen hat.“

Opa streitet oft mit Oma. „Aber nie im Ernst“, sagt der Opa, „dazu mögen wir uns viel zu gern. Länger als drei Stunden waren wir noch nie zerstritten.“ Der Opa heißt Max. Von ihm hat der kleine Max seinen Namen. Opa selbst nennt sich oft „der alte Max“. So darf ihn auch der kleine Max nennen.

Opa bastelt für sein Leben gern. „Ein Mann in meinem Alter braucht etwas zu tun“, sagt er. Kommt er zur Tür herein, fragt er gleich: „Ist gar nichts kaputt? Was soll ich reparieren?“ Dann schütteln Papa und Mama schnell die Köpfe. Denn wenn Opa repariert, erlebt man tolle Überraschungen.

Einmal war der Staubsauger kaputt. Der alte Max hat ihn repariert. Danach konnte der Staubsauger nicht mehr saugen, dafür blasen. „Ihr könnt ihn ja zum Haaretrocknen verwenden“, sagte da der alte Max.

Walter Wippersberg

Besuch

Oma kommt!
Vor vier Monaten war sie das letzte Mal da.
Jule und Simon holen sie vom Zug ab.

Oma begrüßt zuerst Simon.
Sie piekst ihn in die Rippen.
Sie sagt, dass er groß geworden ist.

Anschließend wird Jule begrüßt.
„Grüß dich, kleine Maus“, sagt Oma
und beugt sich zu Jule hinab.

Oma macht einen Kussmund.
Jule dreht ihren Kopf weg.
Jule will keinen Kuss.
Und eine kleine Maus will sie auch nicht sein!

„Die kleine Maus ist nicht da“, brummelt Jule.
„Oh“, sagt Oma. „Wo ist sie denn?“
„Die Katze hat sie gefressen“, sagt Jule.
Dabei stellt sie sich auf die Zehenspitzen.

„Meine Güte“, sagt Oma.
„Du bist ja auch gewachsen.“
Oma lacht und piekst Jule in die Rippen.

Das ist besser als Küssen.
Das kitzelt so schaurig!
Jule kichert entzückt.

Anne Steinwart

1. Wen hast du schon einmal besucht?
Schreibe Sätze über deinen Besuch auf.

Lautexperten sprechen deutlich

In unserer Sprache gibt es oft kleine Unterschiede, die du herausfinden kannst, wenn du genau sprichst.

1. Sprich die Wörter erst mit B/b, dann mit P/p am Anfang. Du hörst dabei genau, welchen Buchstaben du schreiben musst.

Post | Brot | böse | bringen | braun | Boden | Puppe

Pizza | baden | bitten | blühen | blau | Bruder | Pommes

2. Übt zu zweit. Einer spricht die Wörter erst mit B/b, dann mit P/p. Der andere schreibt das richtige Wort auf.

B/b	P/p
Brief	...

3. Auch bei ähnlich klingenden Buchstaben im Wort hilft es dir, wenn du genau sprichst. Lass dir die Wörter diktieren. Trage sie in die Tabelle ein.

leben | schreiben | September | Körper | üben | Abend

April | geben | sieben | Baby | Oktober | haben

Lautexperten hören genau hin

1. g oder k? Lies die Wörter laut vor. Achte dabei auf die ähnlich klingenden Buchstaben im Wort.

sa■en Wol■e fra■en Ku■el Flü■el

pfle■en tra■en zei■en bewe■en Se■unde

le■en mor■en schla■en Gei■e

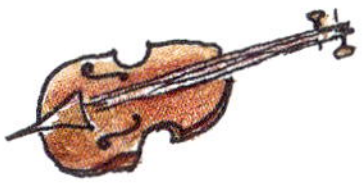

2. Lege eine Tabelle an. Trage die Wörter ein.

g	k
sagen	...

3. D/d oder T/t? Sprich die Wörter deutlich.
Lege eine Tabelle an. Trage die Wörter ein.

■isch ■rei Tan■e Win■er Brö■chen ■eld

sel■en rei■en schnei■en En■e Mä■chen

fin■en hun■ert Minu■e hal■en Blü■e Sonn■ag

D/d	T/t
drei	...

4. Suche dir 5 Wörter mit d/t aus und schreibe Sätze.
Markiere d/t in den Wörtern.

Prüfe, ob du die Laute b, g und d hörst, wenn du deutlich sprichst.

Überall leben Kinder

Überall auf der Welt leben Kinder:
in Amerika, Afrika, Europa, Asien
und Australien. Sie sind in Städten
und auf dem Land zu Hause.
Sie leben in kleinen
und in großen Familien.
Ihre Sprachen sind verschieden,
doch sie spielen
alle ähnliche Spiele
und die meisten gehen
zur Schule.
Und einen großen Wunsch
haben alle Kinder:
Sie möchten
in Frieden leben.

Mukta, 8, aus Gazipur in Bangladesch

Was machst du am liebsten?
Mit knalligen Farben malen und basteln.
Was war der schönste Moment in letzter Zeit?
Als wir einen Kuchen für ein Familientreffen gebacken haben.
Und als meine Mutter mir eine Fantasie-Geschichte erzählt hat.
Was hat dir nicht gefallen?
Dass meine Freunde nicht zum Spielen kamen.
Was ist dein größter Wunsch?
Auf den Mond zu fliegen.
Welches Geräusch hat dich zuletzt gestört?
Ein fürchterliches Donnern
in unserer Nähe hat mir Angst gemacht.
Was magst du nicht?
Wenn ich die Tiere füttern muss.
Was würdest du gerne an dir ändern?
Dass ich mir auch jeden Morgen die Zähne putze.
Was würdest du gerne an deinen Eltern ändern?
Mein Vater sollte kein Fischer sein,
weil das eine sehr harte Arbeit ist.
Wenn du genug Geld hättest, was würdest du kaufen?
Pinsel, Buntstifte und Papier.
Was würdest du gerne im Handumdrehen lernen?
Die Natur zu zeichnen und zu malen.
Was macht dich glücklich?
In die Schule gehen zu können, zu lernen und zu malen.

1. Kinder aus aller Welt haben diese Fragen beantwortet.
   Welche Fragen und Antworten sind für dich besonders interessant?
   Begründe deine Auswahl.

Kinder in unserer Klasse

1. Stelle ein Kind aus deiner Klasse vor.
Nutze diesen Arbeitsplan.

1. Partnerarbeit

Einige dich mit deinem Partner auf sechs Fragen aus Muktas Fragebogen.

2. Partnerarbeit

Stelle deinem Partner die Fragen. Notiere seine Antworten.

3. Gruppenarbeit

Bildet eine Vierergruppe. Stelle deinen Partner in der Gruppe vor.

4. Einzelarbeit

Suche ein Kind aus, das dir vorgestellt wurde. Male, wie es heute angezogen ist. Schreibe dazu, was du über dieses Kind erfahren hast.

5. Einzelarbeit

Lies, was du aufgeschrieben hast. Was findest du besonders interessant?

6. Klasse

Wählt aus, wer das Kind auf seinem Bild in der Klasse vorstellt. Sagt nach jeder Vorstellung, was euch gut gefallen hat und was man noch verbessern kann.

2. Besprecht in der Klasse,
wie ihr mit dem Arbeitsplan gearbeitet habt.

Schule in anderen Ländern

1. Lies den Text. Der Text passt nur zu einem Bild.
   Entscheide nach jedem Satz, welche Bilder nicht passen.
   Decke diese Bilder zu.
   Welches Bild bleibt übrig?
   Überprüfe zum Schluss, ob der Text wirklich zu dem Bild passt.

Der Klassenraum ist hell.
Die Sonne scheint durch die Fenster.
Alle Kinder arbeiten fleißig in ihren Heften.
Die Klasse wird von Jungen und Mädchen besucht.
Die Kinder sitzen hintereinander.
Jungen und Mädchen sitzen nebeneinander.
Die Mädchen und Jungen tragen eine Schuluniform.
Auch die Jungen tragen ein rotes Halstuch.

2. Macht Fotos von eurem Klassenraum.
   Beschreibt den Klassenraum möglichst genau.

3. Vergleicht, ob eure Beschreibung auch
   auf andere Klassenräume passt.

4. Was möchtet ihr an eurem Klassenraum verändern?
   Überlegt gemeinsam.

Vor der Schule wartet die Lollipop Lady

Wenn Kevin und Sarah zur Schule gehen, wartet schon die Lollipop Lady auf sie. Lollipop ist Englisch und heißt Lutscher. Aber Süßigkeiten bekommt man von dieser Lady nicht! Sie hat ein großes Schild, das wie ein Lutscher aussieht. Damit warnt sie die Autofahrer oder hält sie an, damit alle Kinder sicher über die Straße kommen.

Kevin darf heute seine neuen Schuhe in die Schule anziehen und hofft, dass die anderen Kinder sie auch bemerken. In England tragen fast alle Kinder eine Schuluniform. Da kann man nie mit seinem neuen Pullover oder seiner neuen Hose vor den anderen angeben.

Kevin und Sarah sind ziemlich aufgeregt. Sie lesen heute in der Schulversammlung ihre Gedichte vor, die sie selbst geschrieben haben. Hoffentlich klappt alles! In der Schulversammlung treffen sich jeden Morgen alle Kinder der Schule. Sie singen gemeinsam oder spielen etwas vor. Manchmal zeigen Klassen eine kleine Ausstellung zu einem Unterrichtsthema oder feiern den Geburtstag eines Kindes.

Sarah und Kevin haben auch am Nachmittag Schule. Deshalb bekommen sie in der Schule ein Mittagessen. Es ist lustig, zusammen zu essen, auch wenn das Essen nicht immer schmeckt.

Ein Schultag

1. Lies die Sätze. Setze die Verben (Tunwörter) passend ein.
Schreibe auf.

üben laufen erzählen lesen

arbeiten zeichnen rechnen

rennen schreiben basteln malen gehen

Am Montagmorgen ▭ wir vom Wochenende.
Danach ▭ alle Kinder an unterschiedlichen Aufgaben.
Einige ▭ im Mathebuch, andere ▭ eine Geschichte.
Manche Kinder ▭ ein Bild.
Beim Klingelzeichen ▭ wir auf den Schulhof.

2. Markiere in den Sätzen die Verben (Tunwörter).

3. Lest euch eure Sätze von Aufgabe 1 gegenseitig vor.

4. Stell dir vor, du gehst selbst in eine englische Schule.
Schreibe die Geschichte so auf: Ich gehe …

Liz geht in die zweite Klasse.
Sie trägt eine Schuluniform.
Jeden Morgen trifft sie sich mit allen Kindern
und Lehrern in der Schulversammlung.
Heute liest sie ein Gedicht vor.
Liz bleibt mittags in der Schule.
Am Nachmittag hat sie noch Unterricht.
Um vier Uhr fährt sie nach Hause.

Kinderspiele

Pieter Bruegel (1560)

1. Auf dem Bild kannst du viele Kinderspiele entdecken.
   Benutze das Erzählfenster und erzähle, was du siehst.

2. Suche im Internet weitere Informationen:
   www.blinde-kuh.de
   Wenn du etwas über den Maler wissen möchtest,
   dann ist dein Suchbegriff: Pieter Bruegel.
   Wenn du etwas über Kinderspiele wissen möchtest,
   dann ist dein Suchbegriff: Kinderspiele früher.

★ 3. Frage deine Eltern, welche Spiele sie noch kennen?
   Wie heißen diese Spiele?

Spiele aus aller Welt

Kleine Mühle – ein Spiel aus Zaire

Ihr könnt den Spielplan auf Papier oder Pappe, auf den Boden oder in den Sand malen.

Spieler: 2
Alter: ab 6 Jahre
Material: aufgemaltes Spielbrett, je 3 Spielsteine
Ort: drinnen oder draußen

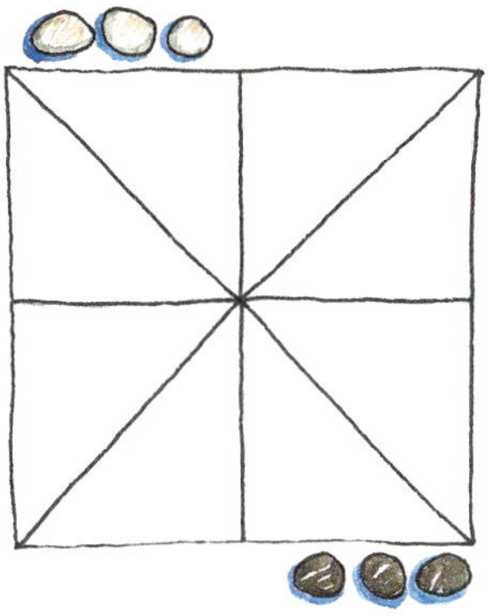

Jeder Spieler bekommt drei Spielsteine.
Ihr könnt alles nehmen, die Spielsteine müssen sich nur gut unterscheiden lassen.
Der erste Spieler setzt einen Stein.

Nun ist der zweite Spieler an der Reihe.
Wenn alle Steine gesetzt sind, dürft ihr sie nur noch auf den Linien schieben.

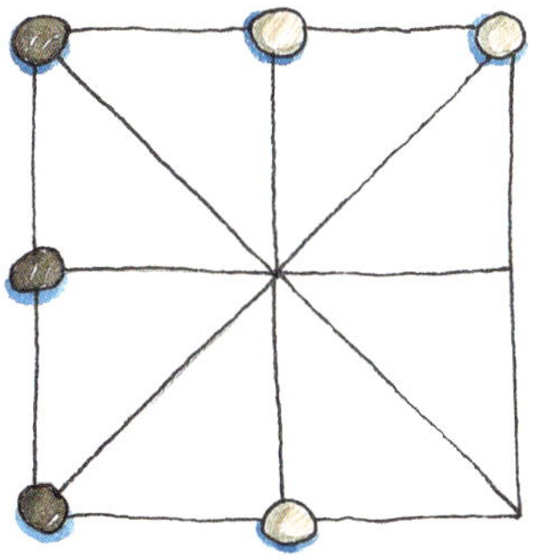

Jeder muss versuchen, drei Steine auf eine Linie zu setzen. Wenn das gelingt, kann der andere nicht mehr schieben und der Spieler hat gewonnen.
Der Sieger darf beim nächsten Spiel den ersten Stein setzen.

So könnt ihr das Spiel ausprobieren:
Ihr braucht dazu einen Vorleser, einen Spielleiter und die Spieler.

- Der Vorleser liest das Spiel Satz für Satz vor.
- Der Spielleiter gibt für jeden Satz die Anweisungen an die Spieler.
- Nach dem Probespiel erklärt ein Spieler das Spiel noch einmal.
- Jetzt könnt ihr noch zwei Probespiele machen, um zu sehen, ob jeder das Spiel verstanden hat.

1. Suche im Internet weitere Spiele aus aller Welt.

Spiele spielen

mit spiel en — der Spiel platz — vor spiel en — spielen — das Spiel zeug — das Fußball spiel — das Spiel feld — das Spiel geld

Diese Wörter haben alle etwas gemeinsam.
Sie gehören zur Wortfamilie spielen .

1. Schreibe die Wörter mit den Wortbausteinen spiel und Spiel auf.
Markiere die Wortbausteine.

Das Wort spielen hat eine Besonderheit:

Du hörst schp und schreibst sp .

2. Suche Wörter mit Sp/sp in der Wörterliste oder im Wörterbuch.
Schreibe sie ab und sprich deutlich mit.
Markiere Sp/sp.

3. Schreibe Sätze mit möglichst vielen Sp/sp-Wörtern.
Benutze dazu die Wörterliste oder das Wörterbuch.

Zungenbrecher lesen

Wenn Springer hinter Springern springen,
springen Springer Springern hinterher.

Spinnen spannen Spinnennetze nicht aus Spaß.

Stolpersteine

1. Bei den Wörtern im Bild gibt es eine Besonderheit.
   Sprich die Wörter deutlich.

Du hörst scht und schreibst st.

2. Suche Wörter mit St/st in der Wörterliste oder im Wörterbuch.
   Schreibe sie auf und sprich deutlich mit.
   Markiere St/st.

3. Baue Wörtertürme mit Sp/sp-Wörtern und mit St/st-Wörtern.

Meine Stadt – meine Straße

Saalgasse, Maria, 2. Klasse

Meine Straße heißt Saalgasse. Neben der Straße ist ein Spielplatz. Ich habe einen Lieblingsbaum. Ich finde, es ist zu leise. Ich muss nicht so weit zur Schule gehen.
Ich würde meine Straße „Leise Straße“ nennen.

Münchener Straße, Mustafa, 2. Klasse

Ich heiße Mustafa, gehe in die Klasse 2b und wohne in der Münchener Straße.
Mir gefällt in meiner Straße, dass es vor der Tür genau eine Straßenbahn gibt.
Mir gefällt in meiner Straße nicht, dass es im Hof einen Laden gibt, weil ich und mein Freund nicht spielen können.
Dass jede Nacht ein Hund bellt, dass niemand schlafen kann.
Verbesserungsvorschlag:
Dass die den Laden zumachen.

Neuhofstraße, Sarah, 2. Klasse

Ich wohne in der Neuhofstraße.
Bei mir ist es mal laut und mal leise.
Am meisten ist es leise.
Wir haben keinen Garten.
Ich kann nicht gut draußen spielen.
Ich habe eine gute Freundin in meinem Haus.
Bei uns kann man gut joggen und rennen. Bei uns zwitschern die Vögel am Abend am meisten.
Ich würde meine Straße lieber „Zwitscherstraße“ nennen.
Es gibt da nur wenige Bäume.
Ich finde es immer sehr, sehr, sehr schön. Und ich will nie, nie, nie mehr umziehen.

1. Wo wohnst du? Schreibe über deine Straße.

In einer Stadt

In einer ___, ___ Stadt
war eine ___, ___ Straße.
Auf dieser ___, ___ Straße
stand ein ___, ___ Haus.
In diesem ___, ___ Haus
war ein ___, ___ Zimmer.
In diesem ___, ___ Zimmer
stand ein ___, ___ Stuhl.
Auf diesem ___, ___ Stuhl
saß ein ___, ___ Mensch.
Er streckte eine ___, ___ Hand aus
und …

Imants Ziedonis

In einer Stadt
In einer kleinen, schönen Stadt
war eine breite, graue Straße.
In dieser großen, grauen Straße
stand ein …

1. Beschreibe die Bilder.

2. Probiere aus, welche Wörter in die Lücken passen.

Die Wörter klein, schön, breit, … sind Adjektive (Wiewörter).
Mit ihnen kannst du etwas genauer beschreiben.

Tiger und Tom sind unzertrennlich

Tiger und Tom sind Freunde. Jeden Abend bewacht Tiger Toms Bett. Keine Maus traut sich dort hinein. Heute hat Tom ein Geschenk für Tiger mitgebracht. Aufgeregt packt Tiger aus.

Vielleicht ist es eine riesige Maus. Oder ein Ball. Aber nein! Es ist ein Gefängnis! „Darin nehmen wir dich mit in den Urlaub!“, sagt Tom. Aber das hört Tiger nicht mehr. Er ist längst unter den Schrank geflohen. „Freust du dich denn gar nicht?“, wundert sich Tom. Tom zeigt seinem Freund, wie gemütlich es in der Katzenbox ist.

Der Wagen keucht den Berg hoch. Er schafft es kaum. So beladen ist er. Tiger ist immer noch wütend. Er sieht die Welt durch Gitterstäbe. Tom sitzt neben Tiger. Tom ist auch gefangen. Mit einem Sicherheitsgurt. Alle freuen sich auf dem Urlaub am Meer. Nur Tiger nicht. Er kennt das Meer nicht. Er hofft, dass es dort Mäuse gibt.

Klaus-Peter Wolf

Endlich Urlaub!

1. Lies die Sätze. Setze die Adjektive (Wiewörter) passend ein.
Schreibe auf.

schwere | hoch | weiße | gefährlich | hohe | engen

aufgeregt | blaue | kleine | müde | weißen | langen

Nach einer ___ Autofahrt kommen Tom und Tiger endlich an.
Tom ist ___ und Tiger möchte aus der ___ Katzenbox.
Aber zuerst müssen sie das ___ Gepäck in das ___ Haus schleppen.
Tom sieht das ___ Meer mit dem ___ Strand.
Tiger ist schon ganz ___.
Tom möchte ___ Sandburgen bauen und Tiger will ___ Mäuse fangen.
Die Wellen sind ziemlich ___ und ___.
Deshalb dürfen sie nicht ins Wasser.

2. Wähle Wörter aus und schreibe auf, wie es im Urlaub sein soll.
Schreibe so: *Die Berge sollen hoch sein.*

Hotel
Badesee
Wetter
Wasser
Strand
Stadt
Sonne
Schwimmbad
Kinder
Berge
Zeltplatz

sonnig
voll
sauber
leise
interessant
hoch
heiß
ruhig
klein
gemütlich
kühl
leer
laut
freundlich
kinderfreundlich
schattig

Wörter mit ä, ö, ü

Anne sitzt auf einer  im Garten. Sie beobachtet einen .
Er sitzt auf einem . Eine  sucht nach Futter.

1. Lies die Sätze.

2. Schreibe die Nomen (Namenwörter) in eine Tabelle.
Wie haben sie sich verändert? Markiere.

Einzahl	**Mehrzahl**
eine Bank	viele Bänke

3. Ergänze die Tabelle.

Garten   Gras   Rock   Kopf   Hals   Sohn   Satz
Nacht   Frucht   Platz   Wort   Mann   Mund

Die Buchstaben **ä**, **ö**, **ü** sind Umlaute.

4. ä oder e? Überlege. Schreibe so:
die Bälle – der Ball, ...

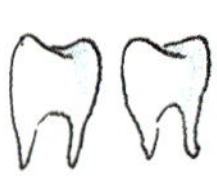

B■lle   w■scht   f■ngt   S■fte   f■llt
Z■hne   f■hrt   Bl■tter   schl■ft   H■nde

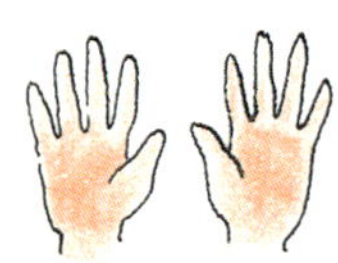

Prüfe Wörter, in denen du **e** hörst.
Wenn es ein verwandtes Wort mit a gibt, schreibst du ä.
die Blätter – das Blatt, er fällt – fallen, ...

Wörter mit au

1. Im Bild siehst du Nomen (Namenwörter) mit au.
   Schreibe sie in eine Tabelle.

Einzahl	Mehrzahl
eine Strauch	viele Sträucher

2. Wie haben sich die Nomen (Namenwörter) verändert?
   Markiere.

3. Ergänze die Tabelle. Bauch Haut Traum Kraut

4. Schreibe die Sätze richtig auf.

Mesut l■ft nach H■se.
Er tr■gt Kr■ter für sein H■schen Willi.
Lisa z■hlt ihr Taschengeld.
Sie k■ft sich ein Spielzeug■to.
An der Kasse warten K■fer.

Prüfe Wörter, in denen du eu hörst.
Wenn es ein verwandtes Wort mit au gibt, schreibst du äu.
die Träume – der Traum

Unsere Schule in Bewegung

Bewegung auf dem Schulweg

Wir gehen zu Fuß.

Wir fahren mit dem Fahrrad.

Bewegung an jedem Dienstag

Jeden Dienstag fängt für alle Kinder der Schultag auf dem Schulhof mit Bewegung an.

tanzen

turnen

singen

trommeln

Bewegung im Unterricht

Wir bewegen uns während des Unterrichts.

an Stationen arbeiten

Arbeitsplätze wechseln

Lernaufgaben holen und kontrollieren

Bewegungslieder singen

Bewegung in der Pause

Wir bewegen uns in der Pause.

Spielgeräte

Balltrichter

Kletterwand

Seilspringen

Hüpfspiele

Gummitwist

Zu Fuß zur Schule

1. Wie kommst du zur Schule?

2. Zeichne deinen Weg zur Schule.
   Markiere wichtige Punkte in deinem Plan.

3. Stellt eure Pläne aus.
   Schaut sie euch in einem Rundgang an.

4. Überlegt euch Fragen zu den Plänen.

Am Ende eines Fragesatzes steht ein Fragezeichen. **?**
Wann kommst du zur Schule**?**

5. Schreibe Fragen auf und lies sie vor.

   Wie lange ...? Wann ...? Warum ...? Wer ...? Mit wem ...?
   Wie weit ...? Wie viele ...? Wen ...?

Lange Straßennamen lesen

Sonnenscheinstraße
Unterwasserstraße

Pappelallee
Mühlendammbrücke

Ein Plakat entwerfen

Die Kinder der Klasse 2c planen, an einem bestimmten Tag zu Fuß zur Schule zu kommen. Sie entwerfen ein Plakat und wollen es in der Schule aushängen. Vielleicht machen auch andere Klassen mit.

1. Entwerft ein Plakat für den Aktionstag „Zu Fuß zur Schule“.

Tipps für ein Plakat:

- Überschrift überlegen
- Informationen sammeln
- Wichtige Informationen müssen gut zu sehen sein: unterstreichen, umrahmen, markieren, …
- Große Schrift oder Schmuckschrift verwenden
- Verschiedene Stifte (dicke, bunte, kräftige Farben, …) nutzen
- Fotos und Bilder aufkleben (Lineal, Schere, Kleber, …)

★ **2.** Überlegt euch ein Zeichen für euren Aktionstag.

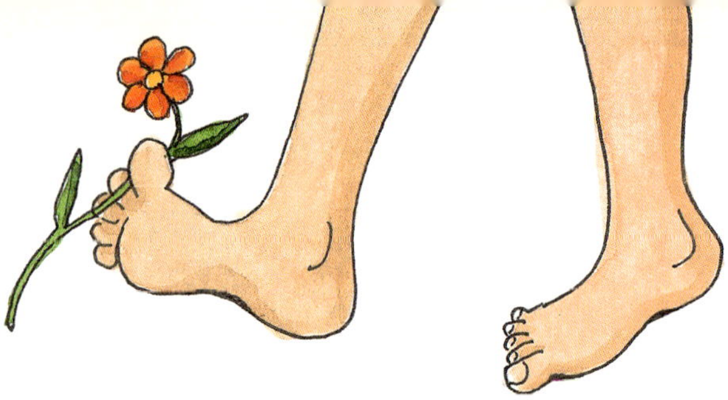

Was ich alles mit den Füßen machen kann

Ich stehe auf den Füßen.
Ich gehe mit den Füßen.
Ich laufe mit den Füßen.
Ich hüpfe mit den Füßen.
Ich mache einen Luftsprung.
Ich stolpere über meine Füße.
Ich wackle mit den Zehen.
Ich gehe auf Zehenspitzen.
Ich gehe auf den Hacken.
Ich schleiche auf leisen Sohlen.
Ich tripple auf den Zehen.
Ich trete mit dem Fuß!
Ich stoße mit dem Fuß!
Ich trample mit den Füßen!
Ich stampfe mit dem Fuß auf!
Ich springe von einem Fuß auf den anderen.
Ich hüpfe auf einem Bein.
Ich stehe auf einem Bein.
Ich humple.
Ich setze die Füße einwärts
und latsche über den großen Onkel.
Ich setze die Füße mit den Spitzen nach
außen – das ist der Charlie-Chaplin-Gang!
Ich spreize die Zehen.

Ich stecke mir den großen Zeh in den Mund.
Ich trete mir die Füße ab (schmutzige Schuhe).
Ich sträube mich mit Händen und Füßen!
Ich vertrete mir die Füße.
Ich trete jemandem anderen auf die Füße!
Ich fussele
(heimlich jemand mit dem Fuß anstoßen).
Manchmal stehe ich mit dem linken Fuß zuerst auf.
Ich setze mich auf meine Füße (Schneidersitz).
Ich nehme die Füße in die Hand.

Rosemarie Künzler-Behncke

1. In dem Gedicht findest du viele Wörter für gehen.
Wähle einen Satz aus und mache die Bewegung vor.
Dein Partner soll sagen, was du machst.

2. Suche dir einige Sätze aus dem Gedicht aus.
Schreibe Aufträge für ein anderes Kind.
Schreibe so: Du wackelst mit den Zehen.

3. Was wollt ihr in der Gruppe vormachen?
Schreibe so: Wir schleichen …

Pausenspiele

Teddybär, Teddybär, dreh dich um.
Teddybär, Teddybär, mach dich krumm.
Teddybär, Teddybär, bau ein Haus.
Teddybär, Teddybär, fang 'ne Maus.
Teddybär, Teddybär, scher dich raus.

Henriette,
goldne Kette,
goldner Schuh,
Wie alt bist du?
Eins, zwei, drei, …

1. Kennt ihr noch weitere Seilspiele, Hüpfspiele, Gummitwistspiele, …? Fragt auch eure Eltern oder Großeltern.

Eins, zwei, drei,
Butter mit Ei,
Salz mit Speck
und du bist weg.

Eins, zwei, drei, vier, fünf, sechs, sieben,
wer hat diesen Brief geschrieben?
Einen für mich,
einen für dich,
einen für Onkel Friederich,
einen aus der Türkei.
Eins, zwei, drei
und du bist frei.

2. Sammelt Abzählreime und schreibt sie auf.

★ **3.** Denkt euch eigene Abzählverse aus.

Yoga

Nicht immer möchtest du in der Pause Seil springen, Fußball spielen oder dich viel bewegen. Manchmal willst du lieber eine ruhige Pause verbringen. Beim Yoga zum Beispiel bewegst du dich bewusst langsam und konzentriert.

In einem fernen Land, in Indien, lebte einst ein weiser, alter Mann. In seinem Leben hatte er viel Zeit damit zugebracht, Pflanzen und Tiere zu beobachten. Er wollte von ihnen abschauen, was sie tun, um im Leben zurechtzukommen und glücklich zu sein. Und jedes Tier und jede Pflanze zeigte ihm etwas anderes: Von den Katzen und Löwen lernte er, sich geschmeidig und sicher zu bewegen, von der Schildkröte, langsam und tief zu atmen, von den Schmetterlingen Leichtigkeit und Fröhlichkeit und von den Bäumen Stärke und Stille. Und von allen lernte er, wie wichtig die Sonne ist. Ohne Sonne gäbe es keine Wärme, kein Leben und kein Wachstum. Aus Dankbarkeit darüber begrüßte er nun jeden Morgen die Sonne mit dem Sonnengebet. Dazu faltete er die Hände und begrüßte nacheinander den Vater Himmel, die Mutter Erde und auch den Mond. Denn wenn die Sonne untergeht, ist es Nacht und der Mond zeigt sich. Die Natur drückte der weise Mann in Körperstellungen aus.

Mein Papa ist eine Brezel

„Mein Papa ist eine Brezel“ ist ein ungewöhnliches Buch über Yoga.
Ein Kind erzählt, dass seine Mutter Bäckerin ist – und mein Papa ist eine Brezel. Das ist natürlich eine Figur beim Yoga.
Florians Eltern sind Tierärzte – und mein Papa ist manchmal ein Hund ...

Ist dir schon einmal aufgefallen, wie geschmeidig Hunde sich strecken?
Durch diese Yogafigur lernen wir, unseren Körper so zu nehmen, wie er ist. Praktisch jeder kann den Hund. Und wie überall gilt auch hier: Übung macht den Meister.

Knie dich hin, den Po auf den Fersen,
den Kopf auf dem Boden,
die Arme nach vorne ausgestreckt.

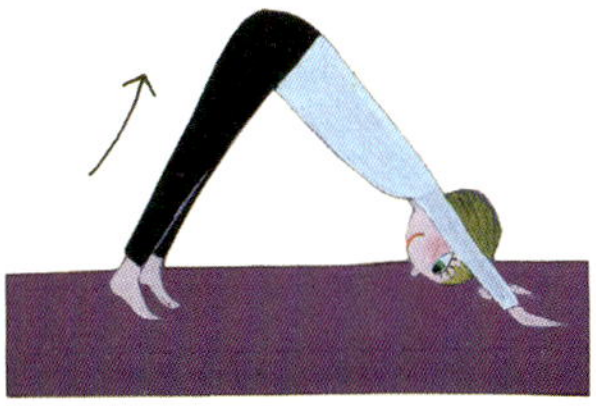

Drücke die Fersen in Richtung Boden
und hebe gleichzeitig den Po,
bis dein Körper ein Dreieck
über dem Boden bildet.

Drücke die Fersen auf den Boden.
Achte darauf, dass der Rücken gerade ist.
In dieser Stellung bleibst du,
solange es geht.

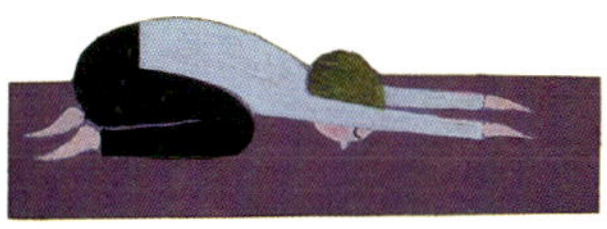

Dann senkst du den Po wieder auf die Fersen ab.
Ruhe dich mit dem Kopf auf dem Boden etwas aus,
bevor du dich aufsetzt.

Wenn du den Rücken nicht ausstrecken kannst,
mach die Übung mit leicht gebeugten Knien.

Baron Baptiste

1. Lies deinem Partner die Anweisung vor.
   Dein Partner macht die Yogafigur. Vergleiche Bild für Bild.

2. Welcher Name passt zu welcher Figur?
   Erkläre und begründe deine Entscheidung.

Brücke | Flugzeug | Löwe | Dreieck | Brezel

Wie fühlt sich das an?

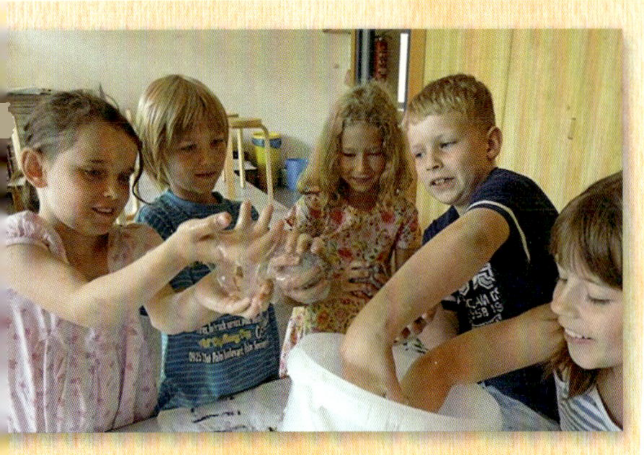

1. Betrachte die Fotos. Wie fühlt sich das an?
2. Überlegt, wie die Gegenstände in eurer Fühlkiste sein sollen.

stachlig

weich

hart

glatt

spitz

runzlig

3. Lege eine Liste von Gegenständen an, die zu den Eigenschaften passen. Schreibe so: stachlig: Bürste, Kastanienschale, ...

Mein Tastweg

Menschen, die blind sind, können trotzdem lesen.
Sie ertasten Buchstaben mit den Fingerspitzen.
Diese Schrift nennt man Brailleschrift.

Nun drehe ich das Blatt um.

Danach pikse ich mit einer Prickelnadel den richtigen Weg.

Zuletzt ertaste ich mit meinen Fingerspitzen den Weg.

Zuerst zeichne ich einen Tastweg.

1. Die Arbeitsschritte für den Tastweg sind durcheinandergeraten.
Lies die Sätze genau.
Überlege, mit welchem Arbeitsschritt du beginnen musst.

2. Schreibe die Anleitung für den Tastweg
in der richtigen Reihenfolge auf.

Wörter vorwärts und rückwärts lesen

NIE REGAL TIM GRAS LAGE

REBE NOT LEBEN ROT LIEB

Es riecht nach gestern

Jule kommt von der Schule nach Hause.

„Hallo, hallo“, ruft sie im Flur. „Ich bin da!“

„Guuut!“, ruft Mama aus der Küche.

„Wir können essen. Simon kommt erst in zwei Stunden.“

Jule schnuppert. Wonach riecht es?

Ojee … nach Sauerkraut … Igitt!

Das gab es doch gestern schon! Jule stöhnt leise.

Dann zieht Jule langsam ihre Jacke aus und hängt sie an die Garderobe. Anschließend stellt sie sich vor den Spiegel.

„Ich bin zu dick“, brummt sie. „Ich esse heute nichts.“

„Was hast du gesagt?“, ruft Mama aus der Küche.

„Ich bin zu dick“, ruft Jule. „Ich esse heute nichts.“

Sie streckt ihren Bauch aus.

„Schade“, ruft Mama. „Es gibt Sahnereis mit heißen Kirschen.“

Jule zieht schnell ihren Bauch ein und saust in die Küche.

„Wer meint, dass du zu dick bist?“, fragt Mama.

„Ich“, sagt Jule. „Aber ich höre nicht auf mich.“

Anne Steinwart

1. Schreibe die Antworten auf.
- Wonach riecht es, als Jule nach Hause kommt?
- Was sagt Jule, als sie vor dem Spiegel steht?
- Warum zieht Jule ihren Bauch schnell wieder ein?

★ **2.** Jule sagt: „Aber ich höre nicht auf mich.“
Was meint sie damit?

Pausenfrühstück

In der Klasse 2c bereiten die Kinder einmal im Monat ein gemeinsames Frühstück vor.
Es soll für jeden Geschmack etwas dabei sein:
Obst und Gemüse und verschiedene Brotsorten.
Dazu haben sie viele Vorschläge gesammelt.

1. Sortiere die Vorschläge der Kinder und ergänze.

Brot: Roggenbrot, ...
Gemüse: ...
Obst: ...
Getränke: ...

Wenn du etwas aufzählst, werden die Wörter durch Kommas getrennt. ,
Geschirr: Tassen, Teller, Schüsseln, ...

★ **2.** Bereitet ein Klassenfrühstück vor.
Jedes Kind bringt etwas mit und übernimmt eine Aufgabe bei der Vorbereitung für das Frühstück.

Lecker!

Heute laden die Kinder die Nachbarklasse zum Frühstück ein.
Es gibt Früchtequark.

Am Ende eines Ausrufesatzes steht
ein Ausrufezeichen. !
Tolle Idee!

1. Lies die Sätze betont.
Bei Fragesätzen und Ausrufen betonst du anders.

Wie viel Quark habt ihr gebraucht ■
Habt ihr in Gruppen gearbeitet ■
Ich esse lieber Kräuterquark ■
Oh, hier ist eine Nuss ■
Am liebsten mag ich Mandarinenquark ■
Toll, so viele Kirschen ■

2. Schreibe die Sätze mit richtigen Satzzeichen auf. . ? !

Prüfe, ob du das richtige Satzzeichen verwendet hast.

Lautexperten verlängern

1. Sprich die Wörter. Welchen Laut hörst du am Ende?

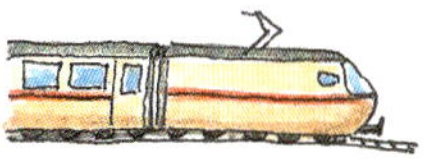 der Zug  der Geburtstag  die Burg

2. Damit du weißt, ob du g oder k schreibst,
musst du die Wörter verlängern. Bilde die Mehrzahl.
Schreibe so: *die Tage – der Tag*

Ban■ Ta■ Kru■ 

Schran■ Monta■ We■ Zwer■ 

Wenn du am Wortende ein k hörst,
prüfst du, ob du g oder k schreibst,
indem du das Wort verlängerst.
die Burgen

3. b oder p? Sprich die Wörter und bilde die Mehrzahl.
Schreibe mit Artikel (Begleiter) auf.

 Kor■ Die■ Mikrosko■ Sie■  

4. d oder t? Auch diese Wörter kannst du verlängern.
Schreibe die Adjektive (Wiewörter) mit
einem passenden Nomen (Namenwort auf).
Schreibe so: *das wilde Tier – wild, ...*

wil■ ro■ bun■ gesun■ al■

wei■ frem■ lau■ leich■ gu■ kal■

Wie die Zeit vergeht

Man kann sie nicht riechen,
man kann sie nicht schmecken,
man kann sie einfach
nirgends entdecken.

Man kann sie vergeuden,
man kann sie vergessen.
Doch was man versäumt hat,
kann man nicht messen.

Man kann sie nicht kaufen,
man kann sie nicht borgen.
Man sucht das Gestern,
schon ist es morgen.

Man kann sie gut nutzen
und jemandem schenken
und wenn man Zeit hat,
an sie denken.

Gerald Jatzek

1. Überlegt euch eine passende Überschrift.

   So hat Gerald Jatzek sein Gedicht genannt:
   TIEZ EID

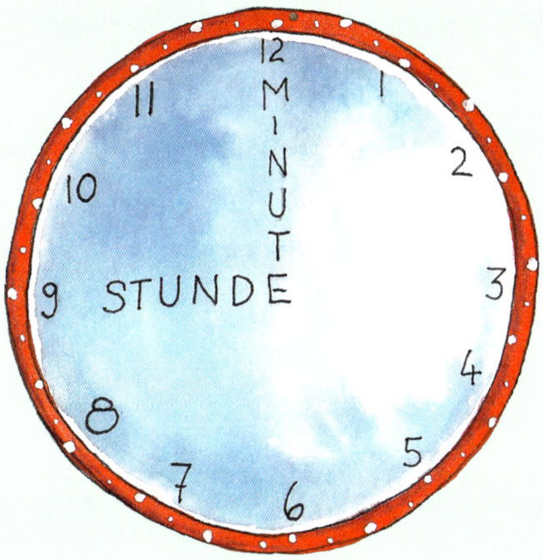

2. Gestalte ein eigenes Wortbild:
Treppe, Sonne, Berg, Ball, ...

3. Suche dir eines der beiden folgenden Wortbilder aus.
Beschreibe es so, dass die anderen Kinder es erkennen.

4. Warum hast du dich für dieses Wortbild entschieden?
Woran erinnert es dich?

Rund um die Zeit

1. Lest die Sprechblasen. Erklärt, was sie bedeuten.

2. Suche dir eine Sprechblase aus.
   Schreibe eine Geschichte dazu.

3. Lest euch eure Geschichten gegenseitig vor.
   Passt die Geschichte zu der Aussage?

Wörter von unten nach oben lesen

R	G	E	E	D	T	N	E	N	E
H	A	D	H	N	Z	E	T	I	D
U	T	N	U	E	T	G	U	M	N
		E	R	B	E	R	N	R	U
				A	J	O	I	E	K
						M	M	T	E
									S

Viele Uhren

Armband-

Kirchturm-

Spiel-

Kinder-

Stand-

Wand-

Sand-

Eier-

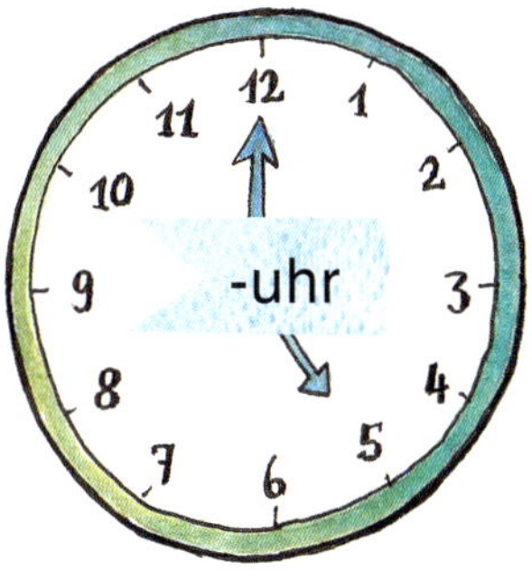

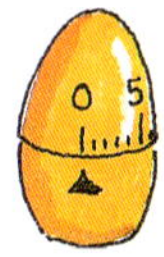

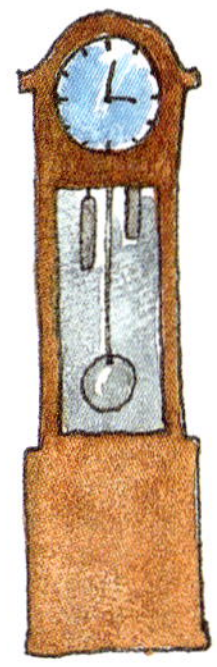

1. Setze Nomen (Namenwörter) zusammen.
   Schreibe so: *das Armband, die Uhr – die Armbanduhr*

> Mit zusammengesetzten Nomen (Namenwörtern) kannst du etwas genauer beschreiben.

Märchen-

Mathematik-

Abenteuer-

...

2. Welche Bücher gibt es noch?
   Schreibe auf: *Kochbuch, ...*

Peter sammelt die Zeit

„Vati, gehst du mit mir angeln?“
„Keine Zeit, Peter.“
„Mutti, spielst du mit mir?“
„Keine Zeit, Peter.“
„Oma, erzählst du mir eine Geschichte?“
„Keine Zeit, Peter, später.“
„Kein Mensch hat Zeit“, sagt Peter,
„und dabei ist doch so viel Zeit da.“
Aber die Erwachsenen haben keine Zeit mehr.
„Ob ich auch keine Zeit mehr habe, wenn ich erwachsen bin?“
Peter überlegt lange.
Er möchte gerne immer Zeit haben.
„Ich werde mir Zeit sammeln und sie aufheben,
bis ich groß bin. Ich werde überall in den Zeitungen und
Büchern die Zeit ausschneiden und
sie in diesen Schuhkarton legen.
Wenn ich keine Zeit habe, hole ich mir Zeit
aus meinem Schuhkarton.“
Von da an schnitt Peter alle Stunden
und Minuten aus,
die er in der Zeitung las.
Seine Schachtel wurde voll
von Stunden und Minuten.

Peter ging zu seinem Vater.

„Peter, was ist denn? Ich habe keine Zeit. Das siehst du doch. Hier ist Geld. Kauf dir was dafür."

„Ich will dir Zeit verkaufen oder auch schenken. Ich habe 240 Stunden und acht Minuten gesammelt. Für dein Geld bekommst du zwei Stunden. Damit können wir doch angeln gehen."

Peters Vater schaute lange in die Schuhschachtel. Dann nahm er zwei Stunden heraus, legte sie in seine Brieftasche und sagte:

„Komm, Peter, wir gehen angeln. Hebe dir deine gesammelte Zeit gut auf. Vielleicht sammle ich auch welche."

Helga Höfle

1. Was könnt ihr machen, wenn ihr in eurer Klasse Zeit übrig habt? Beratet.

2. Für was wünschst du dir Zeit? Schreibe auf.

   Ich möchte ins Schwimmbad gehen.

3. Macht es wie Peter. Schneidet aus Zeitungen Zeit aus.

   15^{30} Uhr   5 Stunden   3 Wochen   **täglich**

★ 4. Schenke deine Zeit jemandem, den du gerne magst.

Training mit der Wortmaschine

morgen gehen
Mittwoch Sekunde
gestern Juni
Kalender Stunde
stehen Woche Minute

1. Schreibe die Wörter in Silben getrennt auf.
   Markiere in jeder Silbe den Selbstlaut: ste-hen

2. Schreibe diese Wörter auf. Markiere die Selbstlaute.
   Was fällt dir auf?

   Freizeit Pause

Die Laute au und ei sind Doppellaute (Zwielaute).

3. Lege eine Tabelle an. Trage die Wörter ein.

Au/au	Ei/ei
August	...

arbeiten August laufen Bein schauen
Freitag Eier schreien Raupe bleiben Aufgabe scheinen Zeit

4. Ergänze die Tabelle. Nutze die Wörterliste.

★ 5. Suche Wörter mit zwei Doppellauten.
   Hausaufgabe, Zaubereien, ...

Manche Endungen sind schwer zu hören

1. Sprich die Wörter in Silben. Was fällt dir auf?
2. Schreibe die Wörter auf.
   Was haben sie gemeinsam? Markiere.
3. Suche noch weitere Wörter mit der Endung -el.
   Notiere sie.
4. Sprich auch diese Wörter in Silben.
   Höre beim Sprechen genau hin.

5. Schreibe die Wörter auf. Notiere noch weitere Wörter
   mit der Endung -er. Markiere die Endung -er.
6. Sprich die Wörter deutlich.
   Schreibe sie auf und markiere die Endung.
   Suche weitere Wörter mit der Endung -en.

bezahlen | Weihnachten | antworten | essen | wünschen

Prüfe, ob jede Silbe einen Selbstlaut, einen Umlaut oder einen Doppellaut (Zwielaut) hat.

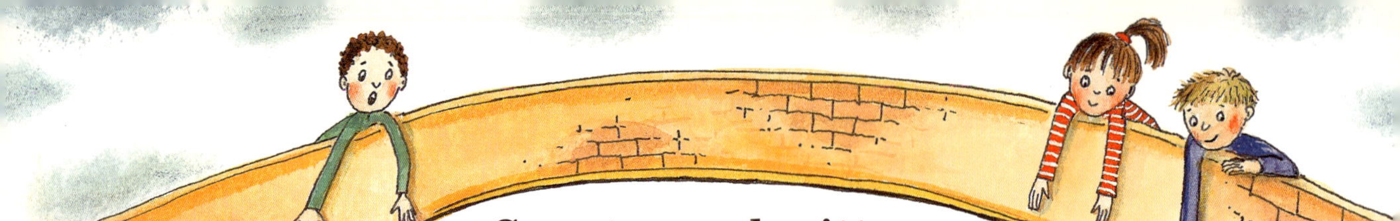

Sonntagnachmittag

Auf Brücken stehn.
Ins Wasser sehn.
Runterspucken.
Nach Fischen gucken.
Angeln mit Zwirn.
Schlüssel verliern.
Lange suchen.
Lust auf Kuchen.
Ein Kaugummi.
Ein aufgeschlagenes Knie.
Mit Edi raufen.
Dem Ball nachlaufen.
Müde sein.
Im Tunnel schrein.
Toten Mann spieln.
Gras im Ohr fühln.
Von der Prärie träumen.
Die Brotzeit versäumen.
Im Dauerlauf.
Der Vater macht auf.
Krach kriegen.
Ein bisschen notlügen.
Zu Bett gehen.
Denken: ein guter Tag
und schön.

Peter Maiwald

1. Erzähle von diesem Sonntagnachmittag.

2. Was machst du am Sonntag?
   Notiere deine Ideen in einem Cluster.

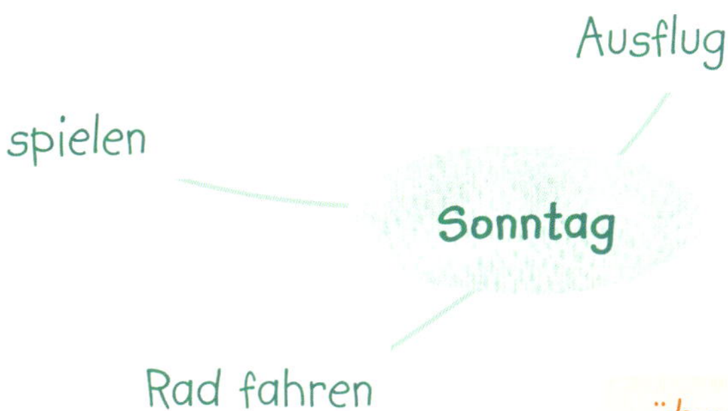

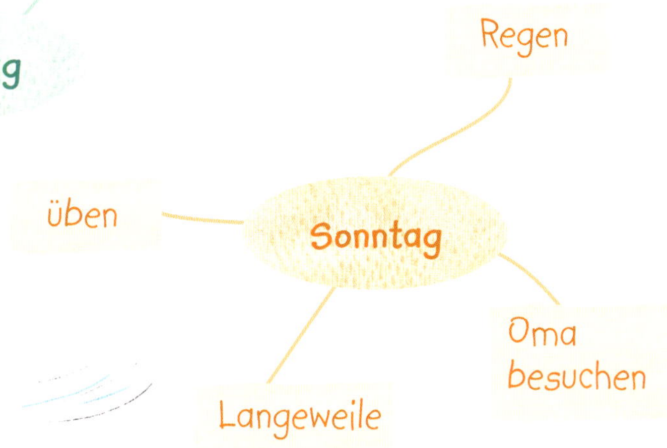

3. Berichte einem anderen Kind von deinem Sonntag.
   Nimm deinen Cluster als Hilfe.

4. Schreibe einen Text zu deinem Sonntagnachmittag.
   Male Bilder dazu.

5. Sprich mit einem Partner über eure Texte:
   - Lest euch eure Texte gegenseitig vor.
   - Stellt Fragen, wenn ihr etwas nicht verstanden habt.
   - Sagt euch, was euch gut gefallen hat.

Zeitforscher

Wie lernten die Menschen rechnen?

Vor vielen tausend Jahren entdeckten die Menschen, dass sie an beiden Händen gleich viele Finger haben. Die Forscher vermuten, dass schon die Steinzeitmenschen ihre Viehherden an den Fingern abgezählt haben. Dabei erfanden sie vielleicht schon das Zehnersystem, mit dem wir heute rechnen. Für eine größere Menge Schafe reichten die Finger an den beiden Händen nicht aus. Und so wurden zwei „volle Hände“ wohl schon damals in eine neue Einheit „umgewechselt“.

Dazu setzten sich zwei Personen zusammen: Die erste streckte für jedes Schaf einen Finger aus, bis beide Hände „voll“ waren. Die zweite Person tauschte die beiden vollen Hände gegen ihren ersten Finger ein. Heute würden wir sagen: Die erste Person zählte die Einer, die zweite die Zehner. Das war der Beginn der Rechenkunst.

Ist die Erde eine Scheibe?

Früher glaubten die Menschen, dass die Erde der Mittelpunkt des Weltalls wäre. Sie dachten auch, dass sich die Sonne um die Erde drehte. Die Menschen damals waren der Meinung, dass die Erde eine flache Scheibe sei. Und wenn die Seefahrer zu weit auf das Meer hinausfuhren, würden sie über den Rand fallen. Heute wissen wir, dass die Erde eine Kugel ist und um die Sonne kreist.

1. Wähle einen der beiden Texte auf Seite 104 aus.
   Lies ihn genau.

2. Überlege: Welche Wörter sind wichtig,
   damit du über den Text berichten kannst.
   Notiere dir 5 wichtige Wörter auf einem Zettel.

3. Suche ein Kind, das den anderen Text gelesen hat.
   Erzählt euch gegenseitig die Texte.
   Nutzt eure wichtigen Wörter.

4. Beantwortet die Fragen:
   - Wie lernten die Menschen rechnen?
   - Ist die Erde eine Scheibe?

5. Es ist spannend, etwas über vergangene Zeiten
   zu erfahren. Besprecht, wo ihr euch informieren könnt.

★ 6. Sammelt Dinge, die Zeit sichtbar machen:
   verwelkte Blätter, Fotos, alte Münzen, Bücher, …
   Gestaltet eine Ausstellung: Die Zeit vergeht.

Nachts

Fons ist hellwach. „Ich will in die Nacht!“, denkt er. Aber allein traut er sich nicht. Papa muss mit. Aber Papa ist sehr verschlafen.

„Was willst du in der Nacht? Nachts wird geschlafen! Die Hasen schlafen, der Gemüsemann schläft, die Frösche schlafen, der Storch schläft zum Glück auch. Alle deine Freunde schlafen und ich würde auch lieber weiterschlafen. Es ist dunkel, man sieht die Hand vor Augen nicht. Selbst die Apotheke ist geschlossen, soviel ich weiß. Es ist überhaupt nichts los in der Nacht. Sogar die Fliegen schlafen lieber, weil sie sich im Dunkeln so leicht verfliegen. Die Bären schlafen sogar Tag und Nacht. Zumindest im Winter. Ja natürlich, die Fledermäuse sind unterwegs. Aber hier bei uns gibt es gar keine, glaube ich. Onkel Willi schläft und Tante Ria. Und der Müllmann. Und Frau von Asten. Na ja, die nicht – die strickt bestimmt wieder Socken. Aber alle anderen schlafen. Es ist einfach nur dunkel. Sonst nichts.“

Wolf Erlbruch

1. Es ist überhaupt nichts los in der Nacht.
Stimmt das?
Was hast du nachts schon gehört und gesehen?

2. Kennst du jemanden, der nachts arbeitet? Berichte.

Die Wortfamilien schlafen und reisen

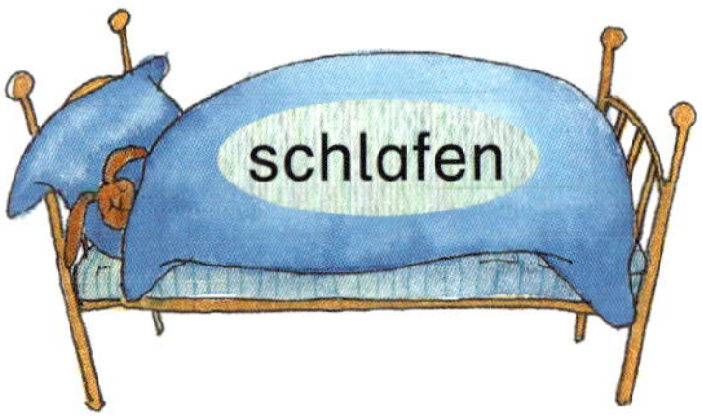

Schlafanzug
verschlafen
ausschlafen
Schlafsack

1. Überlegt, warum diese Wörter zu einer Familie gehören.

2. Schreibe Wörter zur Wortfamilie schlafen auf.
Markiere, was sie gemeinsam haben.
Schlafanzug, verschlafen

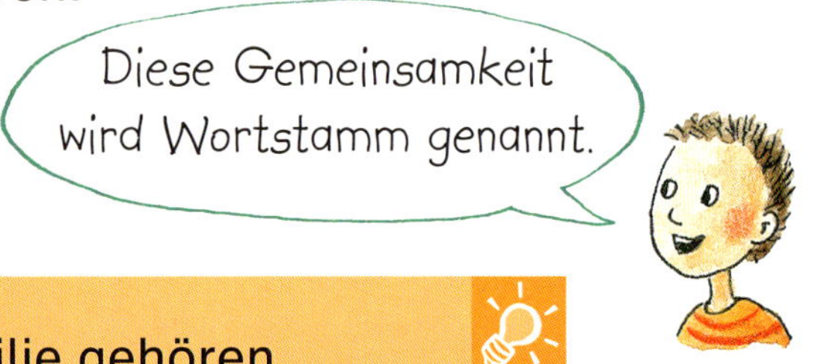

Alle Wörter, die zu einer Wortfamilie gehören, haben den gleichen Wortstamm.

3. Schreibe die Wörter auf. Markiere den Wortstamm.

★ 4. Schreibe einen Satz oder eine Geschichte mit möglichst vielen Wörtern aus einer Wortfamilie auf.

Wörter mit Pf/pf

1. Lest euch die Wörter vor.
Sprecht sie deutlich aus und beobachtet gegenseitig,
wie sich die Lippen bewegen.

2. Schreibe die Wörter auf und markiere Pf/pf.
Pfeffer, Pflanze, ...

3. Kontrolliere mit der Wörterliste, ob du alle Wörter
richtig geschrieben hast.

4. Setze die passenden Wörter ein und schreibe die Sätze auf.
Markiere Pf/pf.

klopfen · schimpft · Pfütze · schlüpft
hüpfen · stapft · kämpft · Tropfen

Boris ___ sich durch den Regen.
Dicke ___ ___ auf den Schirm.
Einmal über die große ___ ___!
Platsch, da ___ er mitten hinein.
Nass wie eine kleine Katze ___ er ins Haus.
Ob Mama ___?

Fernsehsendungen für Kinder

1. Über welche Fernsehsendungen und Filme sprechen die Kinder?

2. Stellt eure Lieblingssendungen vor.

3. Jeder will zum Thema Lieblingssendungen etwas sagen.
Einige rufen dazwischen oder unterhalten sich mit dem Nachbarn.
Wie regelt ihr das in eurer Klasse?
Erinnert euch an eure Gesprächsregeln.

Vor dem Fernseher

1. Die Kinder sehen sich gemeinsam ein Fußballspiel an.
Ihre Sätze klingen ganz unterschiedlich.
Sprecht so, dass man das hören kann.

2. Die Stimme kann ganz unterschiedlich klingen.
Wer zornig ist, wird manchmal sehr laut.
Wer ängstlich ist, spricht eher leise.
Deshalb gibt es viele verschiedene Wörter für sprechen.
Schreibe alle auf, die dir einfallen.

3. Otto Glotzer liebt seinen Fernseher über alles.
Aber immer nur sehen will er nicht.
Bilde mit den Wortbausteinen
neue Verben (Tunwörter)
und schreibe sie auf.

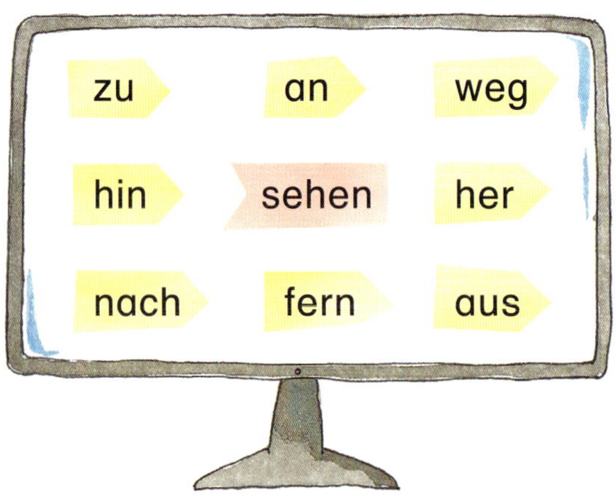

4. Bilde auch Wörter mit gehen und stehen.

Fernsehen verwirrt

Der Mittelstürmer läuft auf das Tor zu und will schießen.
„Was wollen wir machen?“, fragt Thomas.
Da wird er gestoßen und fällt zu Boden.
Pippi fällt etwas ein: „Wir sind jetzt Sachensucher!“
Ein Pfiff und der Schiedsrichter zeigt auf den Elfmeterpunkt.
„Was suchen wir denn?“, will Annika wissen.
Die Zuschauer sind entsetzt.
„Ach, alles ist möglich“, antwortet Pippi.
Der Spieler nimmt einen kurzen Anlauf und schießt.
„Überall kann man etwas finden: Goldklumpen oder Bälle.“
Der Ball segelt links am Pfosten vorbei.
Annika und Thomas sind begeistert.

1. Lies genau. Was ist hier passiert?

2. Suche dir einen Text aus und schreibe ihn auf.

3. In jedem Satz steht ein Wort zu viel.
Schreibe diese Wörter auf und lies.

Sie Eli und Samira sind alleine zu Hause.
Sie schalten trösten den Fernseher ein.
Sie möchten die den Gruselfilm sehen.
Solche beiden Filme dürfen sie sonst nie sehen.
Eli und Samira bekommen ängstlichen
Angst und weinen.
Da Mädchen kommen die Eltern zurück.

Zu Besuch bei Anne Steinwart

Wir haben Anne Steinwart besucht. Sie wohnt dort, wo sie 1945 geboren wurde: in einer kleinen Stadt in Westfalen. Aus ihrem Leben hat uns Anne Steinwart viel erzählt:

Ich war zu Hause das älteste von drei Kindern und musste oft auf meine beiden jüngeren Brüder aufpassen. Ich bin immer gerne zur Schule gegangen und war sehr traurig, dass ich nicht zum Gymnasium oder zur Realschule gehen durfte. Aber damals mussten die Eltern für diese Schulen noch Schulgeld bezahlen. Und meine Eltern hatten das Geld nicht.

Weil der Deutsch-Unterricht mir der liebste war, lernte ich Stenografie und Schreibmaschine und machte eine Ausbildung im Büro eines Rechtsanwalts und Notars. Später habe ich dann als Sekretärin in verschiedenen Büros gearbeitet. Mit 22 Jahren heiratete ich.

In meiner Freizeit habe ich immer viel gelesen und Gedichte und Geschichten geschrieben. Für meine Kinder wurde ich eine begeisterte Vorleserin. Mit Susanne und Christoph entdeckte ich eine ganz neue wunderbare Bücherwelt.

In vielen meiner Geschichten habe ich eigene Erlebnisse „umgedichtet“. Mit Jule und dem Küchendienst (auf Seite 40) ist das auch so.

Das Lesen gehörte zu den schönsten Vergnügungen in meiner Kindheit. Allerdings wurde ich auch oft davon abgehalten. Es gab zu oft etwas anderes zu tun und meine Mutter meinte, vom zu vielen Lesen würden meine nicht so guten Augen noch schlechter. Also mogelte ich bei jeder Gelegenheit ausgeliehene Bücher an meiner Mutter vorbei und las sie heimlich. In einer Gartenecke oder abends unter der Bettdecke oder auf dem Klo – wie Jule!

Die Geschichte von Hotte und dem Unzelfunzel (auf Seite 118) habe ich nicht selbst erlebt, sondern erfunden. Die Idee dazu bekam ich in einer Schule. Ich hatte dort an einem Montag zwei Lesungen. In der Pause hörte ich, dass der Montag immer der schwerste Tag ist. Viele Kinder bleiben am Wochenende viel zu lange auf und kommen müde in die Schule. Da nahm ich mir vor, eine Geschichte zu schreiben, in der ein Kind im Unterricht einschläft.

Bis die Geschichte mir richtig gut gefiel, musste ich sie immer wieder überarbeiten. Erst nach sechs Wochen war sie fertig!

Schreibwerkstatt

Wenn Anne Steinwart eine Geschichte für ein Buch schreibt, braucht sie dafür mehrere Arbeitsschritte:

- Sie schreibt die Geschichte so auf, wie sie ihr einfällt.
- An einem anderen Tag liest sie den Text noch einmal. Dabei achtet sie darauf, ob sie die Geschichte mit passenden Wörtern und verständlich erzählt hat. An einigen Stellen verändert sie den Text: Sie streicht dann Wörter durch und schreibt andere darüber.
- Zum Schluss prüft sie, ob sie alle Wörter richtig geschrieben hat.
- Bevor die Geschichte gedruckt und veröffentlicht wird, wird sie noch mit Bildern gestaltet.

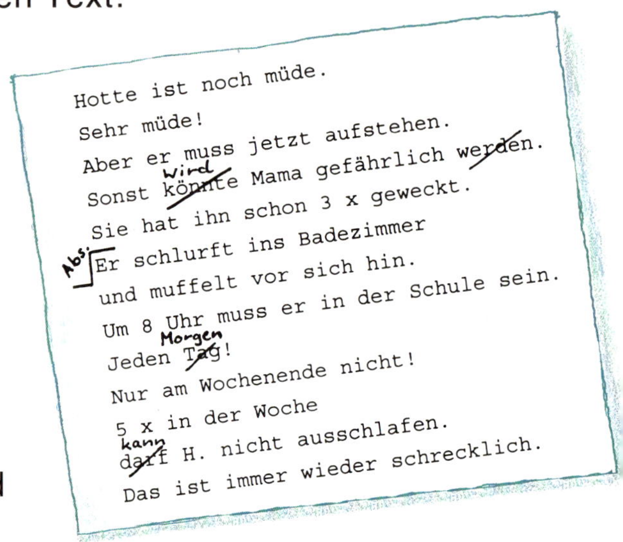
Hotte ist noch müde.
Sehr müde!
Aber er muss jetzt aufstehen.
Sonst ~~könnte~~ wird Mama gefährlich ~~werden~~.
Sie hat ihn schon 3 x geweckt.
Abs. Er schlurft ins Badezimmer
und muffelt vor sich hin.
Um 8 Uhr muss er in der Schule sein.
Jeden ~~Tag~~ Morgen!
Nur am Wochenende nicht!
5 x in der Woche
~~darf~~ kann H. nicht ausschlafen.
Das ist immer wieder schrecklich.

Wenn ihr Geschichten schreiben und ausstellen wollt, arbeitet ihr ähnlich wie Anne Steinwart.

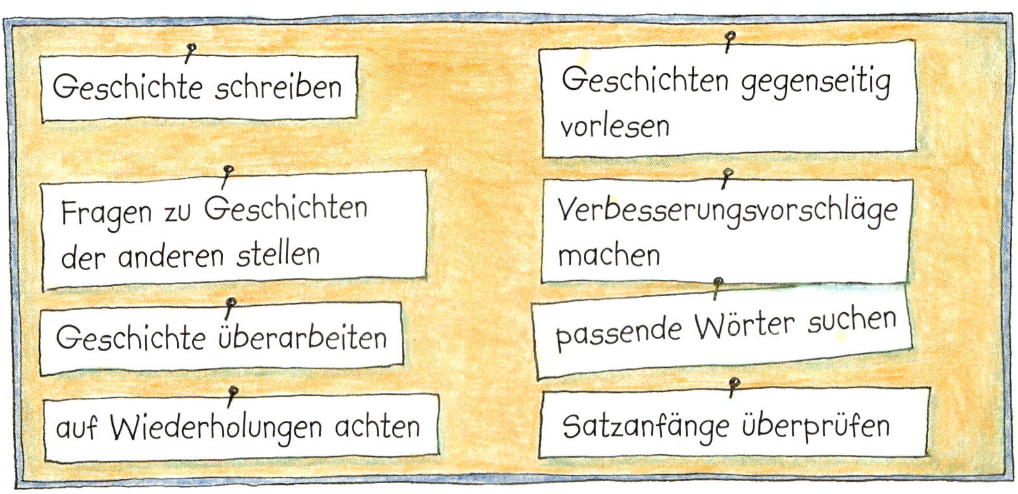

1. Schreibe deinen eigenen Arbeitsplan: Ich schreibe …

2. Bevor du einen Text veröffentlichst, solltest du prüfen, ob du alles richtig geschrieben hast.
Nutze dazu deine Prüfpfeile.

Prüfe, ob du die Satzanfänge großgeschrieben hast.

Prüfe, ob du die Laute b, g und d hörst, wenn du deutlich sprichst.

Prüfe Wörter, in denen du e hörst.
Wenn es ein verwandtes Wort mit a gibt, schreibst du ä.
die Blätter – das Blatt, er fällt – fallen, …

Prüfe Wörter, in denen du eu hörst.
Wenn es ein verwandtes Wort mit au gibt, schreibst du äu. die Träume – der Traum

Prüfe, ob du am Satzende das richtige Satzzeichen verwendet hast.

Prüfe, ob du das Wort am Ende richtig geschrieben hast, indem du es verlängerst.

Prüfe, ob jede Silbe einen Selbstlaut, einen Umlaut oder einen Doppellaut (Zwielaut) hat.

3. Überlegt, wie ihr eure Texte ausstellen könnt.

Hotte und das Unzelfunzel

Frau Wurm, die Klassenlehrerin, malt ein großes U an die Tafel. Sie ist wie Mama. Putzmunter und sehr energisch. „Welche Wörter fangen mit diesem Buchstaben an?“, fragt sie und klatscht in die Hände. Das bedeutet: Achtung, aufgepasst! Es geht los!

Alle melden sich. Allen fällt etwas ein: „Ufo“, „U-Boot“, „Uli “, „Ute“, „Umwelt“, Uhu“, … Hotte fällt nichts ein. Er starrt nach vorne auf die Tafel. Das U sieht hässlich aus. Wie ein Ungeheuer! Hotte mag diesen Buchstaben überhaupt nicht.

Hotte gähnt und reibt sich die Augen. Aus weiter Ferne hört er die vielen verschiedenen U-Wörter: „Udo“, „Uwe“, „Urwald“, „Unsinn“, … Die Stimmen werden immer leiser. Frau Wurm und die Tafel verschwinden zu winzigen Pünktchen und verschwinden dann ganz.

Hotte schiebt seinen Daumen in den Mund und lässt es sich gutgehen. Als neben ihm etwas rumpelt und poltert, hebt er widerwillig den Kopf. Was er sieht, ist unglaublich. Unglaublich und sehr, sehr sonderbar.
Hotte wird in einer Sekunde hellwach …

Jemand sitzt auf dem Nachbartisch.
Jemand mit dicken, klobigen Füßen, jemand mit runzliger, grauer Haut, mit Wedelohren und einer Rüsselnase.
Jemand mit großen, hellblauen Augen, die vergnügt funkeln.

„Allerbesten guten Morgen“, sagt das seltsame Wesen freundlich. Es spricht durch die Nase.
„Wer bist du?“, fragt Hotte gespannt.
„Ukus Urus Unzelfunzel!“
Hotte muss kichern. Er hält sich die Nase zu und wiederholt: „Ukus Urus Unzelfunzel.“

Anne Steinwart

Unser Unzelfunzel

Jede Klasse kann ein Unzelfunzel haben.
Dann sieht das Unzelfunzel aber ganz anders aus:
Es hat einen runden Kopf mit zwei kleinen Ohren.
Seine Haare sind grün und blau.
Die Augen sind gelb. Es hat eine rote runde Nase.
Der Bauch ist kugelrund. Es hat dünne Arme mit großen Händen.
Die Beine sind kurz und dünn, aber die Füße sind groß.
Seine Haut ist ganz bunt und leuchtet in allen Farben.

1. Malt dieses Unzelfunzel.

2. Denkt euch auch ein Unzelfunzel aus. Dann könnt ihr ...

Ein Unzelfunzel basteln

1. Bastelt ein Unzelfunzel.
Hier sind zwei Vorschläge.

Pappteller-Maske

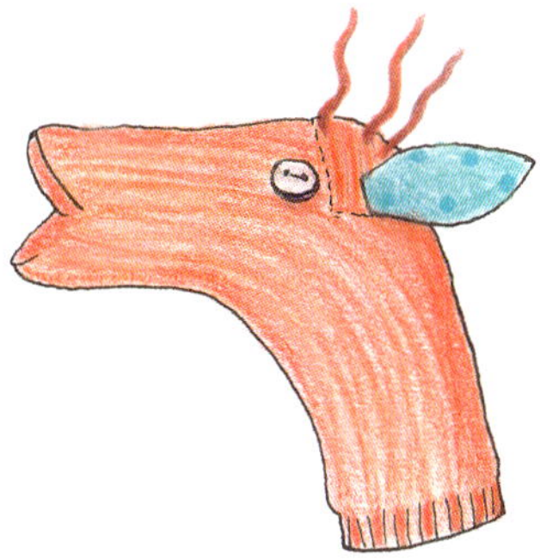

Strumpfpuppe

2. Für die Strumpfpuppe gibt es eine Bastelanleitung.
Schaut euch die Bilder genau an.
Schreibt dann gemeinsam eine Bastelanleitung.

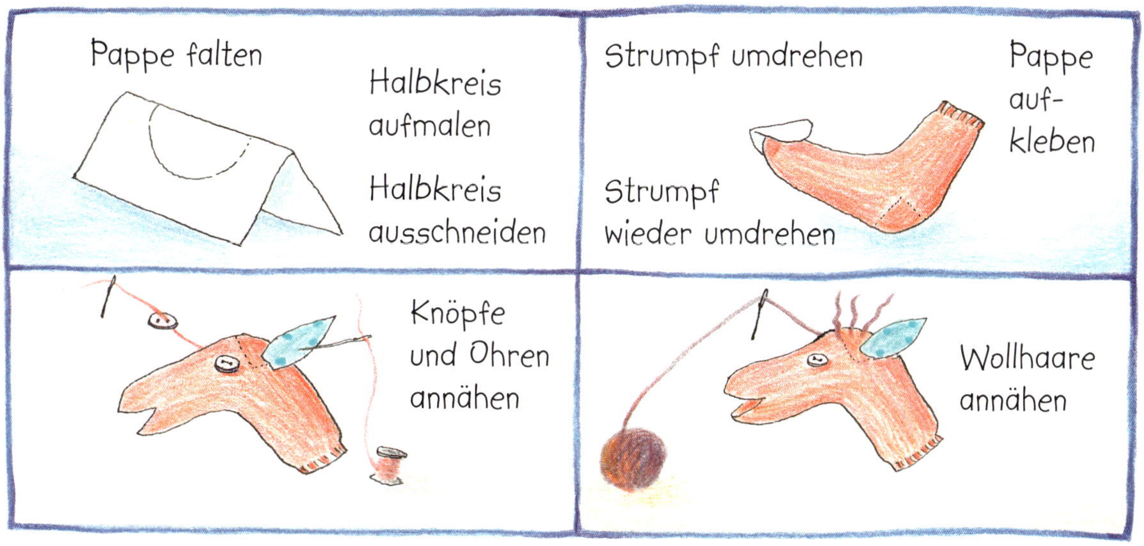

Danach

Nun

Dann

Jetzt

Zuletzt

Bastelanleitung
Wir brauchen: einen alten Strumpf, Wolle, Pappe, Knöpfe, ...
Zuerst falten wir die Pappe ...

In der Bücherei

1. Warst du auch schon einmal in einer Bücherei?
   Erzähle.

2. Was möchtest du noch über die Bücherei erfahren?
   Schreibe Fragen auf, die du bei einem Besuch stellen möchtest.

Wie viele Bücher darf ich ausleihen?
...

Büchereiausweis

STADTBÜCHEREI
Samir Karel
Geb.: 22.06.2004

Öffnungszeiten

Mo, Di, Fr.	11 – 18 Uhr
Mi	11 – 13 Uhr
Do	13 – 19 Uhr

Kirchstr. 17
74172 Neckarsulm

3. Wie sollte man sich beim Besuch in der Bücherei benehmen?
   Vereinbart Regeln.

Wo ist welches Buch?

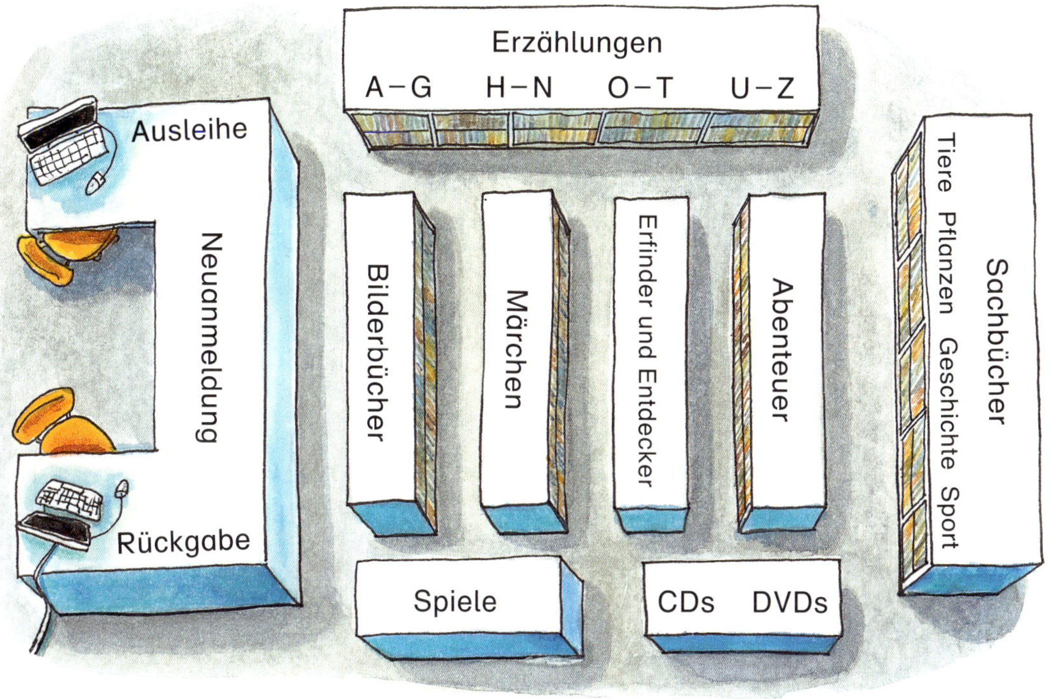

1. Beantworte die Fragen. Nutze dazu den Plan.

Gibt es in einer Bücherei nur Bücher?

Wo finde ich Bücher über Pferde?

Was muss ich machen, wenn ich mir zum ersten Mal ein Buch ausleihen will?

2. Was liest du gerne? Aus welchem Regal würdest du dir ein Buch auswählen?

3. Wo findest du ein Buch von Anne Steinwart?

★ **4.** Wo würdest du ein Buch von Pippi Langstrumpf suchen?

Bildwörter lesen

BÜCHER    ERF    ENT 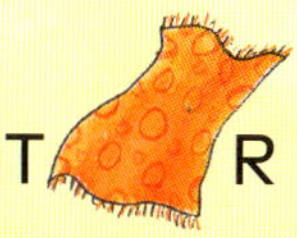 R   WA  NE

DACH  L   K  E   BLUMENTO  E

Unsere Klassenbücherei

1. Was ist wichtig, wenn ihr eine Klassenbücherei einrichten wollt?
Schreibt eure Ideen auf.

Wie bekommen wir neue Bücher?
...

2. Überlegt, wie ihr eure Bücher ordnen wollt.

3. In der Klassenbücherei gibt es viel zu beachten.
Vereinbart Regeln und schreibt sie auf.

Bücher ordentlich behandeln

Wer betreut die Bücherei?

richtige Stelle im Regal

Ausleihzeiten

4. Welches Wort passt?
Schreibe die Sätze auf.

Ich suche ein das Buch über Pferde.
Hier ist ein das Buch über einen Pferdehof.
Wir haben auch eine die Zeitschrift über Pferde.
Wann ist ein der Termin für die Rückgabe?

Nomen (Namenwörter) können auch
die Artikel (Begleiter) ein, eine haben.

Mein Lieblingsbuch

Heute stellen Selina und Tom ihre Lieblingsbücher vor.

1. Welches der beiden Bücher würdest du gerne lesen? Begründe deine Wahl.

2. Notiere Stichwörter zu deinem Lieblingsbuch. Stelle es den anderen Kindern vor.

Titel: Hexe Lilli stellt die Schule auf den Kopf
Autor: Knister
Das Buch ist lustig und auch ein bisschen spannend.
Die wichtigsten Personen in meinem Buch sind: ...
Meine Lieblingsstelle: ...

Tipps für die Buchvorstellung:

- Der Titel und der Autor sind wichtig.
- Warum hast du das Buch gelesen?
- Hast du eine Lieblingsstelle in dem Buch?
- Welche Personen müssen die Zuhörer kennenlernen?
- Warum hast du das Buch ausgewählt?
- Überlege dir, ob du das Ende verraten willst.

Interessant vortragen

1. Überlegt, wie Florians Vortrag über Paul Maar besser gelingen würde.

Tipps für die Vortragenden:

- Bevor ich anfange, atme ich tief durch und schau alle Kinder an.
- Ich sage zuerst, worüber ich vortragen will.
- Ich begründe, warum ich mir dieses Thema ausgesucht habe.
- Ich spreche mit eigenen Worten.
  Ich übernehme nicht ganze Sätze aus Büchern.
- Ich spreche laut und deutlich.
  Ich schaue dabei möglichst oft die Zuhörer an.
- Ich versuche, meinen Vortrag mit Bildern interessanter zu machen.

2. Auch die Zuhörer müssen bei einem Vortrag Regeln beachten. Schreibt sie auf.
Wir schauen den Vortragenden an.
Wir …

Regeln für die Zuhörer
- Fragen stellen
- gut zuhören
- Wichtiges merken
- Vortragenden anschauen

Wörter mit ver- und vor-

vor

tragen
spielen
singen
tanzen
turnen
machen

ver

tragen
spielen
suchen
stecken
wandeln
kleiden

1. Bilde mit den Wortbausteinen Wörter.

2. Schreibe mit diesen Wörtern fünf Sätze auf.
Ich will dir etwas vorspielen. ...

> Merke dir die Schreibweisen der Vorsilben
> vor und ver. Achte auf das v.

3. Bilde neue Verben (Tunwörter) mit vor und ver.
Schreibe sie auf und markiere die Verbindungsstelle.

ve<u>r</u> <u>r</u>eisen

vor / ver — reisen — raten — rechnen — rollen — rücken

★ 4. Suche Nomen (Namenwörter) mit Vor und Ver.
Nutze das Wörterbuch. Schreibe so:
der Versuch, ...

Mit dem Computer schreiben

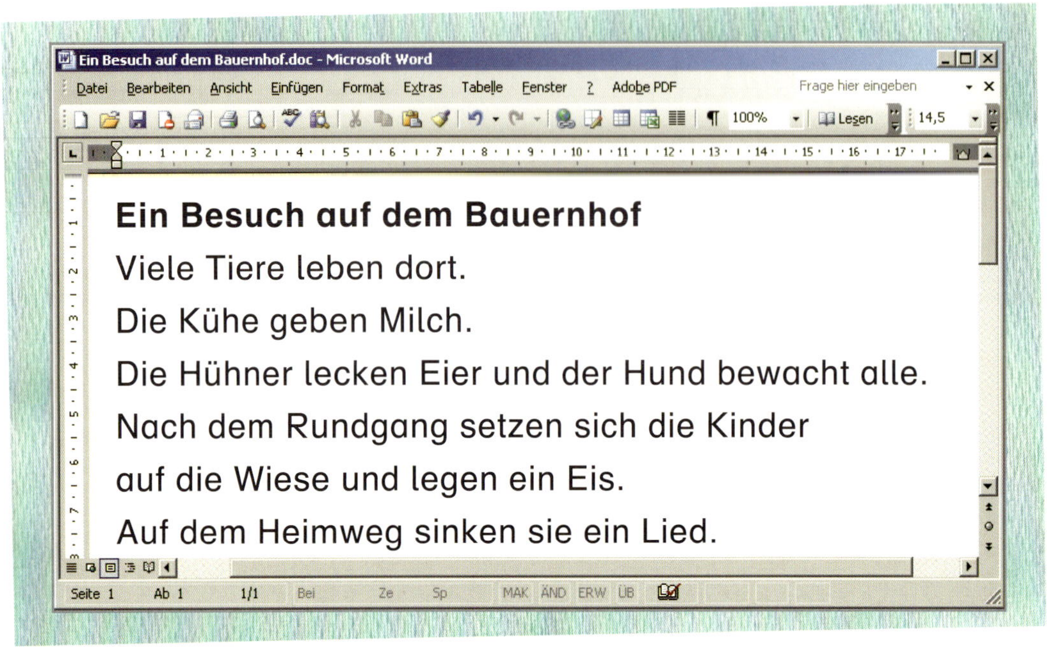

Ein Besuch auf dem Bauernhof
Viele Tiere leben dort.
Die Kühe geben Milch.
Die Hühner lecken Eier und der Hund bewacht alle.
Nach dem Rundgang setzen sich die Kinder
auf die Wiese und legen ein Eis.
Auf dem Heimweg sinken sie ein Lied.

Der Computer kann deine Rechtschreibung prüfen.
Das wird dich freuen, aber du kannst dich nicht ganz darauf verlassen.
Bei diesen Sätzen hat er keinen Fehler gefunden, weil alle Wörter richtig geschrieben sind:

Die Hühner  Eier.

Die Kinder  Eis.

Und doch ist etwas falsch.

1. Sprich die Wörter im Computer besonders deutlich.
   Der Computer weiß nicht, was Wörter bedeuten.
   Er hört nicht und kann ähnlich klingende Wörter nicht unterscheiden. Das kannst nur du.

2. In der Geschichte steht noch ein Wort, das anders geschrieben werden muss, damit der Satz sinnvoll ist.
   Schreibe diesen Satz richtig auf.

3. Sprich die Wortpaare sehr deutlich.
Schreibe die Sätze mit dem passenden Wort auf.

Buch – Busch

Özlem versteckt sich im ▢. Julia liest im ▢.

Fühler – Füller

Die Schnecke hat zwei ▢. Jens schreibt mit dem ▢.

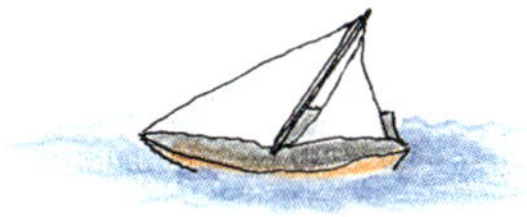

schief – Schiff

Nach dem Sturm liegt das ▢ ▢ im Wasser.

4. Schreibe zu den Wortpaaren eigene Sätze auf.

Mantel – Mandel	tauchen – tauschen
Kabel – Gabel	backen – packen
Kirche – Kirsche	stehlen – stellen
Feier – Feuer	Eile – Eule
nein – neun	heilen – heulen

5. Diese Wörter musst du dir merken. Schreibe sie auf.

L▢te fr▢en h▢te Fr▢nd

Fr▢ndin Fr▢de ▢ro n▢ ▢le n▢n

Der Laut eu gehört zu den Doppellauten (Zwielauten).

6. Diktiert euch gegenseitig die eu-Wörter.

So machst du weniger Fehler

Wenn du schreibst, hilft es dir, leise dabei mitzusprechen. Achte darauf, dass du so langsam sprichst, wie du schreibst. Diese Sprache nennt man „Pilotsprache“: So, wie ein Pilot sein Flugzeug steuert, kannst du mit der Sprache deine Hand beim Schreiben steuern.

1. Sprich die Wörter in Pilotsprache und schreibe sie auf.

Limonadenglas Fußballfeld Ferienreise Schokolade

Taschentuch Krankenschwester Gewitterwolke Wintermantel

Kindergarten Marmeladenbrot Wellensittichkäfig

2. Wenn du mit dem Schreiben fertig bist, kontrolliere: Lies die Wörter noch einmal durch. Benutze dafür einen Lesepfeil. Achte darauf, dass du keinen Buchstaben vergessen hast.

3. d oder t? Schreibe diese Wörter richtig auf.

Hun■ Mona■ Lich■

Kin■ Gesich■ Klei■

Fel■ Bil■ Hem■

Prüfe, ob du das Wort am Ende richtig geschrieben hast, indem du es verlängerst.

Bücherspuren

Bestimmt hast du im Wald schon Spuren gesehen.
Ein Förster kann erkennen, von welchem Tier sie stammen.
Wenn du dir zu jedem Buch, das du liest, Bücherspuren notierst, kannst du dich besser an das Gelesene erinnern.
Auch andere Kinder können dann etwas über dein Buch erfahren.

Hier findest du einige Beispiele für Bücherspuren:

- Ich schreibe auf, was ich heute gelesen habe.
- Ich schreibe über die Textstelle, die ich besonders lustig (traurig, spannend, ...) fand.
- Ich schreibe eine Karte an die Hauptfigur.
- Ich male ein Bild zu einem Kapitel.
- Ich begründe, warum ich den Schluss gut oder schlecht finde.

1. Überlege dir weitere Möglichkeiten für Bücherspuren.
2. Stellt eine Liste mit möglichst vielen Bücherspuren zusammen.
3. Besorge dir für deine Bücherspuren ein dickes Heft oder einen Ordner. So könnte die erste Seite aussehen.

4. Lege auch die Liste mit den Bücherspuren dazu. Wenn du jetzt ein Buch liest, kannst du auswählen, welche Aufträge du bearbeiten möchtest. Versuche im Laufe des Jahres, jede Spur einmal zu verwenden.

Der kleine Herr Paul mag Bücher

Als der kleine Herr Paul noch ein kleiner Kleiner Herr Paul war, lebte er in einer Welt voller Bücher. Das Haus seiner Eltern war von oben bis unten voll damit. Bücher im Wohnzimmer, Bücher im Keller, selbst auf dem Dachboden standen Bücher in Regalen. Über Bücher zu sprechen war eine große Leidenschaft der Pauls. Es interessierte sie, ob das Ende der Geschichte auch nicht vorauszusehen war, denn nichts fanden die Pauls so langweilig wie ein Buch, bei dem sie auf der ersten Seite wussten, was auf der letzten geschrieben stand. „Schließlich sind Bücher wie das Leben, man weiß einfach nicht, wie das Ende wird!“, sagte Pauls Papa und Pauls Mama fügte hinzu: „Man weiß nur, dass es ein Ende gibt und das ist auch gut so!“

Eines Tages waren die Eltern des kleinen Kleinen Herrn Paul verschwunden. Der kleine Herr Paul bemerkte es, weil niemand mehr die Rückseiten der Zeitungen hochhielt, in denen er so gerne las. Bestimmt waren sie in der Bibliothek, um Bücher wegzubringen. Seine Eltern brachten oft Bücher in die Bibliothek, wenn eines der Zimmer so mit ihnen verstopft war, dass niemand mehr hineinpasste. Vielleicht waren seine Eltern aber auch im Garten, weil sie ein schlechtes Buch gefunden hatten, ein Bilderbuch ohne Herz, ein Roman ohne Verstand, ein Gedicht ohne Sinn. Diese Bücher brachten sie dann auf den Kompost im Garten. Die Pauls waren nicht die Einzigen, die Bücherbäume im Garten hatten, aber bei ihnen wuchsen sie am besten.

Der kleine Herr Paul hatte an jedem Baum eine Schaukel und wenn er nicht lesen, sondern schaukeln wollte, erzählte ihm der Wind in den Blättern eine Geschichte. Es gab Abenteuerbäume, die sehr hoch waren und immer ein Baumhaus in ihrer Krone hatten. Es gab Bäume mit dünnen Ästen, die bis auf den Boden hingen, sie erzählten traurige Geschichten. Hinten im Wäldchen gab es die schönsten Märchen.

Der kleine Kleine Herr Paul sah sich um. Im Garten waren seine Eltern nicht und auf der Lesecouch waren sie auch nicht. Der kleine Paul wusste nicht weiter und immer wenn er nicht weiterwusste, fragte er sein Bücherregal. Er schloss die Augen, nahm ein Buch und sah auf den Titel: Mein erstes Bilderbuch. Das war das Buch, mit dem er lesen gelernt hatte. „Aber natürlich!", rief der kleine Paul. „Ich weiß, wo sie sind!" Er nahm das Buch und schlug die Seite mit den Zeichnungen von „Vater" und „Mutter" auf, drehte das Buch herum und schüttelte sie hinaus. Sie fielen auf den Boden, standen auf und klopften sich ein paar Buchstaben von Rock und Hose. „Hallo, hallo!", sagte Pauls Vater und seine Mama sagte: „Unser kleiner Paul hat uns gefunden!" Dann gingen sie alle frühstücken.

Martin Baltscheit

Das Wasser

Zeitungsmeldung

In der Zeitung stand's:
See verschwunden!
Wurde nicht mehr gefunden!
Was war da los?
Was ist da geschehn?
Ein Seeräuber stahl ihn!
Ich hab's genau gesehn!

Angelika Ehret

Die starken Regenfälle der letzten Tage haben zu großen Überschwemmungen geführt. Viele Landwirte befürchten große Ernteausfälle.

Ich finde die Wasserrutschbahn am tollsten.
Und wenn ich ins Wasser springe, werden alle nass.

Henri Matisse

Wasserwörter

Der Wasserhahn .
Das Mineralwasser im Glas.
Der Wasserfall .
Mit dem Wasserschlauch die Kinder.
Tim im Badewasser.
Im Bad die Wasserspülung.
Das Wasser auf dem Blatt in der Sonne.

glitzern
plätschern
schwimmen
tropfen zischen
rauschen prasseln
sprudeln spritzen

1. Welches Wort passt? Schreibe die Sätze auf.

Flasche Ball Becken Tropfen Regen Meer
Salz Mann Pflanze **Wasser** Hahn Tee Fall
Schmutz Flugzeug Schlauch Farbe

2. Setze die Nomen (Namenwörter) zusammen.
Trage sie in die Tabelle ein.

1. Silbe	2. Silbe	3. Silbe	4. Silbe
Was-	ser-	fall	

Prüfe, ob jede Silbe einen Selbstlaut, einen Doppellaut oder einen Umlaut hat.

Vertauschte Silben lesen

DEBAWASSER MIRALNEWASSER
SERBALLWAS WASSERSELKES
WASBENSERGRA SERLETOPISWAS

Haiku: Am stillen Weiher

Ein Haiku ist ein japanisches Gedicht mit drei Zeilen.
In der ersten Zeile sind 5 Silben,
in der zweiten Zeile sind 7 Silben,
in der dritten Zeile sind 5 Silben.

古池や
蛙飛び込む
水の音

Matsuo Basho

Am stillen Weiher.
Ein Frosch springt in das Wasser.
Drei kleine Wellen.

1. Überprüfe das Haiku.

2. Wähle drei Karten aus und schreibe ein Haiku.
Überprüfe die Silben.

Kleiner Springbrunnen.

Ein Blatt schwimmt vorbei.

Tropfen glitzern in der Luft.

Wasser kühlt die Hand.

Leise plätschern die Wellen.

Vor dem Wasserfall.

Das Wasser so laut.

Am Rande des Sees.

Der große Fluss stürzt vorbei.

3. Schreibe ein eigenes Haiku.

Gewitter

Der Himmel ist blau
Der Himmel wird grau

Wind fegt herbei
Vogelgeschrei

Wolken fast schwarz
Lauf, weiße Katz!

Blitz durch die Stille
Donnergebrülle

Zwei Tropfen im Staub
Dann Prasseln auf Laub

Regenwand
Verschwommenes Land

Blitze tollen
Donner rollen

Es plitschert und platscht
Es trommelt und klatscht

Es rauscht und klopft
Es braust und tropft

Eine Stunde lang
Herrlich bang

Dann Donner schon fern
Kaum noch zu hör'n

Regen ganz fein
Luft frisch und rein

Himmel noch grau
Himmel bald blau!

Erwin Moser

1. Ihr könnt das Gedicht mit Geräuschen begleiten. Probiert aus, welche Instrumente oder Gegenstände sich dafür eignen.

2. Nehmt die Geräusche auf und entscheidet, welche am besten passen, wenn ihr das Gedicht vorlest. Spielt auch mit eurer Stimme.

Lieblingswetter

Die Kinder der zweiten Klasse schreiben mit dem Computer ein Wetterbuch. In ihren Geschichten sind alle Wörter kleingeschrieben.

gewitter
bei gewitter schaue ich aus dem fenster.
die blitze und der donner sind toll.
der sturm biegt sogar den großen baum.
letzte woche ist ein nest heruntergefallen.
ich wollte die vögel retten, aber das nest war leer.
da war ich froh.

sommersonne
ich mag den sommer mit viel sonne.
in meinem land scheint sie immer.
da können wir jeden tag an den strand gehen.
ich spiele im sand und baue eine riesige burg.
mein bruder springt in die wellen.
da habe ich angst.

1. Überprüfe die Geschichten. Schreibe sie richtig auf.

Prüfe, ob du die Satzanfänge großgeschrieben hast.

Prüfe, ob du die Nomen (Namenwörter) großgeschrieben hast.

Wetterwörter

1. Überprüfe, ob die farbigen Selbstlaute in den Wetterwörtern lang oder kurz gesprochen werden.

2. Schreibe die Wörter auf.
   Kennzeichne den kurzen Selbstlaut mit einem Punkt (.)
   und den langen Selbstlaut mit einem Strich (_).

kurzer Selbstlaut	langer Selbstlaut
die Sonne	der Nebel

3. Kurz oder lang? Sprich die Wortpaare deutlich.
   Setze das passende Wort ein und schreibe die Sätze ab.

Nase – nasse	Im Regen bekomme ich eine ▒ Hose.
raten – Ratten	Ich kann das richtige Wort ▒.

Ferienwetter

In diesem Jahr bleiben Jan und Carla in den Ferien zu Hause. Zum Glück kommen Oma und Opa und wollen viel mit ihnen unternehmen.
Jan und Carla haben schon einige Ideen.
Sie möchten ins Schwimmbad und ins Kino, zum Grillplatz und zum Waldspielplatz und in den Zoo gehen.
Jan und Carla schlagen vor, dass sie am besten einen Ausflugsplan für die ganze Woche machen.
„Ich möchte gleich am Montag ins Schwimmbad!“, ruft Jan begeistert.
Opa sieht sich im Internet die Wettervorhersage an.

	Montag	Dienstag	Mittwoch	Donnerstag	Freitag
Wetter					
Temperatur	20 Grad	23 Grad	25 Grad	28 Grad	30 Grad

 sonnig
 leicht bewölkt
 Regen
 bedeckt
 heiter bis regnerisch
 Gewitter

1. Warum sieht sich Opa die Wettervorhersage an?

2. Beschreibt das Wetter an den einzelnen Wochentagen.

3. Schreibt in der Gruppe einen Ausflugsplan für Carla und Jan.
   Schreibt so:
   Montag: ...
   Dienstag: ...

Die Tauchfahrt

Weißt du, wie man eine Taucherglocke baut?
Und zwar für Mäuse? Ist ganz einfach.

Du legst eine Streichholzschachtel-Schublade auf das Wasser in der Badewanne. Sie schwimmt.
Dann legst du einen Knopf hinein. Der Knopf hat einen Faden.
Der Faden ist der Schwanz und der Knopf ist die Maus und die Schublade ist der Kahn. Jetzt nimmst du ein Wasserglas und stülpst es senkrecht über den Kahn mit der Maus mit dem Schwanz und drückst es gerade nach unten.

Und was passiert jetzt?
In der Taucherglocke bleibt Luft, damit die Maus atmen kann.
Und der Kahn geht nicht im Wasser unter, er bleibt trocken und die Maus kann mit dem Kahn in der Taucherglocke herumpaddeln und kann hinausschauen.
Ist das nicht fabelhaft?

Janosch

1. Klappt das wirklich mit der Taucherglocke? Probiert es aus.

Wörter mit doppeltem Mitlaut

Kro-ne Ses-sel Bril-le Ga-bel Rei-fen Scha-le

Mes-ser Ton-ne So-fa Trom-mel Na-gel Pa-ket Stie-fel

1. Ordne die Wörter in die Tabelle ein.

kurzer Selbstlaut	langer Selbstlaut
der Sessel	...

Vor einem doppelten Mitlaut wird der Selbstlaut immer kurz gesprochen. Donner

2. Schreibe diese Wörter in Silben auf.
Markiere den kurzen Selbstlaut vor dem doppelten Mitlaut:
Mut-ter

Mutter Puppe Schüssel

Klasse Wasser Zimmer Sommer

3. Bilde zusammengesetzte Nomen (Namenwörter) mit vier Silben.
Schreibe so: Sup-pen-schüs-sel, ...

Wie lernt man fliegen?

Es war ein großer Traum der Menschen fliegen zu können. Vor über 200 Jahren erfüllte Jacques Charles diesen Traum. Er war ein bekannter Forscher und bekam vom König den Auftrag, einen Ballon zu bauen. Sofort machte er sich an die Arbeit. Den riesigen Ballon füllte er mit Gas. Er wusste, dass der Ballon dann in die Luft steigen würde. Das Gas im Ballon ist nämlich leichter als die Luft und der Ballon beginnt zu schweben. So wurde der Gasballon erfunden. Eines Nachmittags stieg der Ballon vor vielen Zuschauern auf. Er flog 20 Kilometer in ein kleines Dorf. Dort hatten die Bauern aber nichts von dem Ballon gehört und dachten, dass es ein Himmelskörper sei.

Sie hatten fürchterliche Angst und holten ihre Heugabeln. Als der Ballon zur Erde schwebte, wurde ihre Angst noch größer. Sie dachten, es sei der Teufel. Nun bewarfen sie den Ballon mit Steinen. Als er auf der Erde landete, zerstörten sie ihn. Sie zogen ihn wütend mit den Pferden in ein anderes Dorf.

1. Schreibe die Antworten auf.

- Welchen Traum der Menschen erfüllte Jacques Charles?
- Womit füllte er den Ballon?
- Wer gab den Auftrag zum Bau des Ballons?
- Wie weit und wohin flog der Ballon?
- Warum zerstörten die Bauern den Ballon?
- Warum kann der Ballon fliegen?

Einen Versuch vorführen

Luft einsperren

Du brauchst: 1 Luftballon, 1 Luftballonpumpe, 1 Murmel

Stecke vorsichtig die Murmel in den Luftballon.
Nun pumpst du den Ballon
mit der Luftballonpumpe auf.
Dann drehst du ihn
mit der Öffnung nach unten.
Beobachte genau, was jetzt passiert.

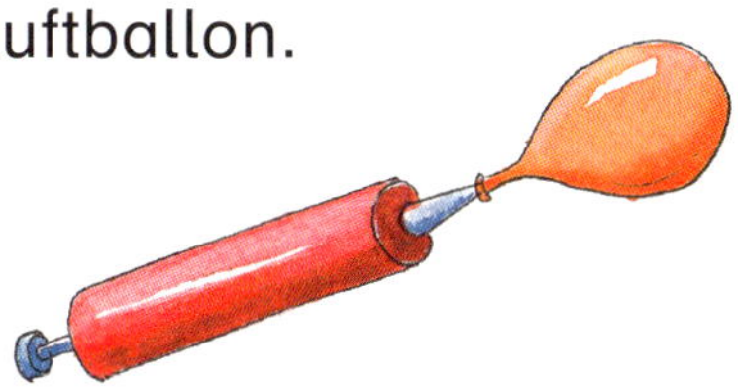

1. Beschreibe und erkläre, was du beobachtet hast.

Geheimnisvolle Flasche

Du brauchst: eine Glasflasche und eine Münze

Die Flasche muss sehr kalt sein.
Nun verschließt du die Flasche mit der Münze.
Die Flaschenöffnung soll nass sein,
damit die Münze sie dicht abschließt.
Dann legst du beide Hände um die Flasche.
Ein anderes Kind kann dir dabei helfen.
Nach einiger Zeit klappert die Münze auf der Öffnung.
Habt ihr Zauberkräfte oder ist ein Geist in der Flasche?

Warum ist das so?
Auch wenn die Luft nicht zu sehen ist,
so ist sie doch nicht nichts. Luft besteht aus winzigen Teilchen.
Wenn die Luft erwärmt wird, dehnt sie sich aus und die Teilchen
entfernen sich voneinander. Die Luft braucht mehr Platz
und wird leichter. Sie steigt nach oben.

Eine fantastische Stadt

James Rizzi

Kinder einer zweiten Klasse haben ihre Bilder sprechen lassen.

1. Zeichne dein eigenes sprechendes Haus.
2. Schreibe auf ein Blatt, was dein Haus spricht.
   Schneide die Sprechblase aus.
3. ★ Gestaltet gemeinsam eine Stadt.
   Schreibt in Sprechblasen, was die Häuser zueinander sagen.

Dornröschen

Es waren einmal ein König und eine Königin, die wünschten sich ein Kind. Nach vielen Jahren gebar die Königin ein Mädchen. Das war wunderschön. Der König lud zu einem großen Fest ein. Auch die dreizehn Feen des Landes sollten kommen. Weil der König aber nur zwölf goldene Teller hatte, musste eine Fee daheimbleiben. Auf dem Fest sprachen die Feen gute Wünsche für das Kind aus. Als elf von ihnen ihre Sprüche gesagt hatten, kam plötzlich die dreizehnte Fee herein. Sie rief wütend: „An seinem fünfzehnten Geburtstag soll sich das Kind an einer Spindel stechen und tot umfallen!“ Da trat die zwölfte Fee hervor, die ihren Wunsch noch frei hatte. Sie konnte den bösen Spruch nicht aufheben, sondern ihn nur mildern. Deshalb sagte sie: „Es soll aber kein Tod sein, sondern ein hundertjähriger Schlaf.“

Der König ließ aus Angst um seine Tochter alle Spindeln verbrennen. In den folgenden Jahren erfüllten sich alle guten Wünsche der Feen. An seinem fünfzehnten Geburtstag ging das Mädchen allein im Schloss umher. In einem Turmzimmer traf es eine alte Frau, die spann mit einer Spindel. Das Mädchen wollte auch versuchen, damit zu spinnen. Kaum hatte die Königstochter aber die Spindel berührt, stach sie sich in den Finger. So ging der böse Wunsch in Erfüllung und das Mädchen fiel in einen tiefen Schlaf.

Dieser Schlaf verbreitete sich über das ganze Schloss. Alle Menschen und Tiere schliefen. Rings um das Schloss wuchs eine Dornenhecke, die immer dichter und höher wurde. Überall erzählte man von dem schlafenden Dornröschen. Immer wieder versuchten junge Königssöhne, die Hecke zu durchdringen und in das Schloss zu gelangen. Jedoch alle blieben in den Dornen hängen und starben.

Nach hundert Jahren kam wieder ein Königssohn. Als er sich der Dornenhecke näherte, waren es schöne Blumen, die von selbst auseinandergingen. So gelangte er in das Schloss. Im Turmzimmer sah der Königssohn Dornröschen auf dem Bett schlafen. Weil sie so schön war, küsste er sie. Im gleichen Moment schlug Dornröschen die Augen auf und blickte ihn freundlich an. Gemeinsam gingen sie hinunter. Dort trafen sie die erstaunten Eltern, die gerade erwachten. Mit ihnen erwachten alle Menschen und Tiere im Schloss. Die Hochzeit des Königssohnes mit Dornröschen wurde in aller Pracht gefeiert und sie lebten vergnügt bis an ihr Ende.

nach den Brüdern Grimm

1. Schreibe die Antworten auf.
   - Warum war die dreizehnte Fee wütend und wünschte der Königstochter nichts Gutes?
   - Warum versuchten Königssöhne, in das Schloss zu gelangen?
   - Dornröschens Eltern sind erstaunt, als sie erwachten. Warum?

2. Kennst du Hörspiele oder Filme des Märchens? Erzähle.

Das Märchenfest

Was sich auf dem Märchenfest
heut nicht alles blicken lässt!
Aufgeregt, ungepflegt
kommt die Hexe angefegt.
Und was treibt die Hexe? Jeden fasst sie an.
Scheußlich kichernd prüft sie dann,
ob sie einen braten kann.

Was sich auf dem Märchenfest
heut nicht alles blicken lässt!
Muschelschwer aus dem Meer
kommt der Wassermann daher.
Wassermänner reden nichts als Quitsch und Quatsch.
Mit den Flossen, plitsch und platsch,
gehn sie immer wie durch Matsch.

Was sich auf dem Märchenfest
heut nicht alles blicken lässt!
Winzig klein, Bein vor Bein
ziehn die sieben Zwerge ein.
Wenn der Zwergenhauptmann auf die Pauke haut,
piepsen alle falsch und laut:
„Fuchs, du hast die Gans geklaut …!“

Was sich auf dem Märchenfest
heut nicht alles blicken lässt!
Schwarz umfaucht, gelbgebaucht
kommt der Drache angekraucht.
Drachen speien Feuer, saufen Öl und Tran.
Quietschen wie ein alter Kran,
dröhnen wie die Eisenbahn.

Was sich auf dem Märchenfest
heut nicht alles blicken lässt!
Flach und schmal, nebelfahl
flattert ein Gespenst im Saal.
Das Gespenst bläst Trübsal, wimmert, heult und klagt,
seufzt und winselt ganz verzagt,
weil die Trübsal es so plagt.

Was sich auf dem Märchenfest
heut nicht alles blicken lässt!
Eins – zwei – drei: Bühne frei –
Kasperle ist auch dabei!
Unser lieber Kasperl tanzt die ganze Nacht.
Allen hat es Spaß gemacht,
dass nun jeder klatscht und lacht.

Eva Rechlin

1. Wer kommt alles zum Märchenfest?

2. Jeder Besucher möchte auffallen.
Schlüpfe in die Rolle einer Märchenfigur.
Wer bist du? Die anderen Kinder raten.

3. Spielt das Märchenfest in der Klasse.

Reimwörter lesen

See – Fee	Wache – Drache	Berg – Zwerg
Bank – Schrank	Unke – Funke	Riese – Wiese

Was Märchenfiguren alles machen

hexen

lachen

piepsen

reden

fauchen

flattern

wimmern

klatschen

klagen

heulen

tanzen

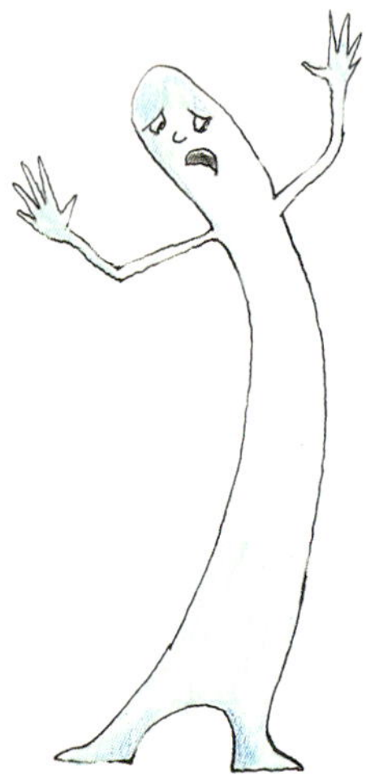

1. Bilde Sätze mit den Verben (Tunwörtern). Schreibe so:
   heulen – Das Gespenst heult.

2. Markiere die Verben (Tunwörter).

3. Markiere den Wortstamm bei den Verben (Tunwörtern).
   heulen – Das Gespenst heult.

★ 4. Bilde mit diesen Verben (Tunwörter) Sätze.
   Kreise den Wortstamm ein.

   malen singen bauen gehen helfen

   freuen schneiden pflegen pflanzen

5. Suche Wörter mit aa, ee und oo.
   Schreibe sie in eine Tabelle.
   Markiere den doppelten Selbstlaut.

aa	ee	oo
...	die Fee	...

Der Froschkönig

Königstochter, warum weinst du so sehr ___

Meine goldene Kugel ist mir in den Brunnen gefallen ___

Was gibst du mir, wenn ich sie dir wieder heraufhole ___

Alles, was du willst, gebe ich dir ___

Hier ist die Kugel ___

Hurra ___

Ich komme nicht mit, es geht mir zu schnell ___

Verschwinde ___

1. Schreibe die Sätze ab. Setze richtige Satzzeichen ein. . ? !

2. Setze treffende Adjektive (Wiewörter) ein.
Verändere sie so, dass sie zu den Nomen (Namenwörtern) passen.
Schreibe auf.

tief klein hässlich glitschig

weich prächtig golden

schön eklig hart

Die ___ Kugel fällt in den ___ Brunnen.

Der Frosch ist ___.

Der Frosch will in ihrem ___ Bett schlafen.

Die ___ Königstochter wirft den ___ Frosch an die Wand.

Der ___ Frosch verwandelt sich in einen ___ Prinzen.

3. Suche Gegensatzpaare. Schreibe sie auf.

klein – groß, …

Die Lerche und die Klapperschlange

Im hohen dichten Gras der Prärie hatte eine Lerche ihr Nest gebaut. Die vier Lerchenkinder waren eben erst flügge geworden und wagten sich noch nicht weit vom Nest fort. „Übt nur fleißig“, sagte die Lerchenmutter. „Bald kommt die Zeit, da ihr selbst nach Futter suchen könnt. Gebt aber gut acht und seid vorsichtig. Vor allem müsst ihr euch vor der Klapperschlange hüten. Nichts frisst sie lieber als junge Vögel.“

Am selben Tag noch entdeckte eine Klapperschlange das Nest und schlängelte sich lautlos heran. Die Lerchenmutter meinte, das Herz bleibe ihr stehen, als sie die Schlange plötzlich vor sich sah. Ich muss meine Kinder retten, dachte sie. Um gemeinsam zu fliehen, ist es zu spät. Jetzt hilft nur noch eine List. Die Lerchenmutter tat, als wäre sie sehr erfreut. „Schaut, Kinder, wer gekommen ist“, zwitscherte sie. „Freundin Klapperschlange besucht uns. Wie schön!“ „Flieg fort“, befahl sie ihrem Ältesten. „Hol alle Verwandten, damit auch sie unseren Besuch willkommen heißen.“ Hat meine Mutter uns nicht immer vor der Klapperschlange gewarnt?, dachte der Älteste. Vor Angst vergaß er, seine Flügel zu gebrauchen. „Zeig unserer Freundin, wie gut du schon fliegen kannst“, rief die Lerche. Da flog der Älteste davon, so schnell er konnte. Hol nur deine Verwandten, dachte die Klapperschlange.

Je mehr, desto besser! Von diesen paar Happen da werde ich ja doch nicht satt.

„Fliegt euren Bruder nach“, sagte die Lerche zu ihrem zweiten und dritten Kind. „Er ist zwar der Größte, aber ganz allein findet er sich vielleicht noch nicht zurecht.“

Das zweite und das dritte Lerchenkind hatten begriffen, worum es ging. Sie machten es wie ihr Bruder und flohen.

„Gleich sind sie mit unseren Verwandten zurück“, sagte die Lerche zur Schlange. „Dann können wir mit dir feiern.“

„Ja, gleich sind alle da. Das wird ein Fest!“, zischte die Schlange.

„Aber wo bleiben sie nur?“, zwitscherte die Lerche. „Am besten schicke ich auch meinen Jüngsten aus. Auf den ist immer Verlass.“

„Flieg zu deinen Geschwistern“, befahl die Lerchenmutter ihrem Kleinsten. Als auch das jüngste Kind in Sicherheit war, flog die Lerche blitzschnell hoch in die Luft.

„Jetzt kannst du dein Fest feiern“, rief sie der Klapperschlange zu. „Aber ohne uns!“

Die Klapperschlange, die allzu gierig gewesen war, musste auf ihre Mahlzeit verzichten.

Käthe Recheis

1. Spielt das Märchen.
Bastelt Stabfiguren.
Verteilt die Rollen und bestimmt einen Erzähler.
Übt in der Gruppe, bevor ihr das Märchen vorspielt.

Heinrich möchte Hexe werden

Heinrich möchte Hexe werden,
kann schon prima hexen.
Kennt das Hexen-Einmaleins
und auch das mit Sechsen.

Heinrich möchte Hexe werden,
kann schon fließend lesen.
Liest das Hexen-ABC,
reitet auf dem Besen.

Heinrich möchte Hexe werden,
weiß nur noch nicht, wie.
Womöglich wird er Hexerich.
Hexe wird er nie!

Ingrid Uebe

1. Schreibe ein Hexen-ABC. Die Bilder helfen dir dabei.

Abraxas
Besen
C (Da gibt es nichts, oder?)
Drachen
…

In der Hexenküche

1. Suche dir mit dem Erzählfenster verschiedene Stellen im Bild aus. Schreibe jeweils einen passenden Satz auf.

2. Lies deinem Partner die Sätze vor. Nach jedem Satz legt dein Partner das Erzählfenster an die passende Stelle im Bild.

3. Bilde Sätze mit den Wörtern. Markiere x.

Hexe | Text | Lexikon | Taxi | mixen

4. Suche im Wörterbuch weitere x-Wörter.

Ein ungewöhnlicher Ausflug

Axel Scheffler

1. Erzähle eine Geschichte zu dem Bild. Überlege dir Fragen.

Wer …?	Wann …?	Wohin …?	
Warum …?	Woher …?	Was …?	Wie …?

2. Notiere deine Antworten für deine Geschichte.

Hexe mit Hund und Katze …

3. Schreibe deine Geschichte auf.
Du kannst auch mit dem Computer schreiben.

Geschichten entstehen im Kopf

Zora und Tim haben den Anfang ihrer Geschichten aufgeschrieben.

Der Glitzerstein

Ich gehe durch die Stadt.
Da sehe ich im Schaufenster einen schönen Stein. Ich bleibe sofort stehen und sehe mir den Stein genau an. Diesen Stein wünsche ich mir zum Geburtstag. Schnell laufe ich nach Hause ...

Zora

Der geheimnisvolle Stein

Heute regnet es. Ich stöbere in Opas Gartenhaus. Überall liegt altes Werkzeug. Ganz hinten in der Ecke entdecke ich eine Kiste. Neugierig öffne ich die Kiste. Darin liegt ein glitzernder Stein.
Ich berühre ihn vorsichtig.
Plötzlich bin ich ganz leicht und beginne zu fliegen. Nach kurzer Zeit bin ich ...

Tim

1. Lies die Geschichtenanfänge.
   Welche Geschichte interessiert dich mehr? Begründe.

★ 2. Erzähle eine der Geschichten weiter.

Robert und Trebor

Robert sitzt in seinem Zimmer. Er langweilt sich. Er betrachtet die Tapete an der Wand. Auf der neuen Tapete kennt man sich gar nicht aus: ein Gewirr von Flecken, Linien und Punkten. Sollen das etwa Blumen sein? Oder Blätter? Vielleicht ein Urwald! Und die Punkte, sind das vielleicht Augen? Vielleicht sind es Augen von Tieren. Von Raubtieren. „Ihr braucht mich gar nicht so anzuglotzen!“, sagt Robert. In der Mitte der Wand sind zwei Flecken, die sehen fast wie Augen von Menschen aus. Robert nimmt seinen Bleistift, geht zur Wand und malt einen dicken schwarzen Punkt in jeden der Flecken. Jetzt gucken sie schon wie richtige Augen.

Sein Schatten fällt auf die Tapete vor ihm. Robert schließt das linke Auge. Kein Zweifel: Der Schatten-Robert kneift auch ein Auge zu und schaut Robert mit dem anderen an. „Warum kannst du ein Auge zukneifen?“, ruft Robert. „Warum denn nicht? Du kannst es doch auch“, sagt der Schatten-Robert und tritt aus der Tapete raus. Er sieht genauso aus wie Robert und hat das Gleiche an wie er.

„Wo … wo kommst du her?“, fragt Robert.
„Da, aus dem Urwald“, sagt der fremde Junge und deutet auf die Tapete hinter sich.
„Und wie heißt du?“
„Trebor“, sagt der Junge.
„Ein seltsamer Name.“
„Lies deinen Namen doch mal von hinten!“, sagt Trebor.

Dann fragt Robert: „Ist es schön im Urwald?“
Trebor überlegt. „Eigentlich ist es dort ziemlich langweilig.“
„Langweilig? Im Urwald?!“, ruft Robert.
„Das kann ich gar nicht glauben!“
„Du kannst es ja ausprobieren“, sagt Trebor und deutet auf das Pflanzengewirr hinter sich.
Robert schiebt ein paar Schlingpflanzen beiseite und schon ist er im Urwald verschwunden.

Paul Maar

1. Was erlebt Robert im Urwald?
Schreibe die Geschichte weiter.

Das Drachenbuch

Nachts kommen zu Besuch
acht Drachen aus dem Drachenbuch.
Fauchen aus dem Drachenrachen,
machen auch noch andre Sachen.
Kriechen durch das Schlüsselloch.
Bitte, bitte glaub mir doch!

1. Die Drachen aus dem Drachenland spucken kein Feuer, sondern Wörter. Leider sind die Wörter dabei zerbrochen. Setze sie wieder zusammen und schreibe sie auf.

   Loch, kochen, ...

★ 2. Der kleine Drache rechts unten hat nur eich herausgespuckt. Suche dazu eigene Wörter und schreibe sie auf.

Avenida – ein Gedicht

Avenidas sind immer gleich aufgebaut.
Das letzte Wort ist wie eine Überschrift.

Traum
Traum und Reise
Reise
Reise und Abenteuer
Traum und Abenteuer
Traum und Reise und Abenteuer
Traumgeschichten

1. Ersetze die Wörter durch eigene Wörter.
   Schreibe mit diesen Wörtern dein eigenes Avenida auf.

2. Stellt eure Avenidas aus.

Das älteste und größte Lebewesen der Welt

Zu fällen einen schönen Baum,
braucht's eine halbe Stunde kaum.
Zu wachsen, bis man ihn bewundert,
braucht er, bedenk es, ein Jahrhundert.

Eugen Roth

Kennst du das älteste und größte Lebewesen der Welt?
Ist es der Blauwal?
Der ist riesengroß, aber wird er auch ganz alt?
Und Elefanten? Die werden auch groß und alt.
Aber Schildkröten werden älter.

Bäume sind auch Lebewesen.
Dieser Baum wächst in Amerika. Er heißt Mammutbaum.
Er ist über 120 Meter hoch und mehr als 3200 Jahre alt.
Das kann man sich gar nicht vorstellen.
Er begann in der Zeit zu wachsen, in der die Menschen
die ersten Gegenstände aus Eisen herstellten.
Man braucht eine Schulklasse,
wenn man seinen riesigen Stamm umfassen möchte.
Als so ein Baum auf die Straße stürzte,
sägte man einen Tunnel hinein.
Nun fahren Autos durch den
Baumstamm hindurch.
Würde man einen alten Mammutbaum fällen,
wird erst in über 2000 Jahren wieder
ein so mächtiger Baum gewachsen sein.

1. Schreibe die Antworten auf.
   - Wie heißt der älteste und größte Baum der Welt?
   - Wo wächst der Mammutbaum?
   - Was machte man mit einem umgestürzten Mammutbaum?

★ 2. Warum sollten die Menschen einem alten Mammutbaum mit Achtung begegnen?

Der Kastanienbaum

Die Kastanie nimmt Feuchtigkeit auf
und beginnt zu quellen.
Wärme und Licht bestimmen
das Wachstum.
Die Keimwurzel durchbricht
die Samenschale,
bohrt sich in die Erde
und wird immer länger.

Kurz danach beginnt
der Keimstängel mit der Knospe
nach oben zu wachsen.
Er wächst dem Licht entgegen.
Die Knospe platzt auf und
zwei winzige Blätter sind zu sehen.

Die Wurzel verzweigt sich.
Sie hält die kleine Kastanie
fest im Boden.

Die Kastanie wächst und wächst.
Es wird aber noch ungefähr
80 Jahre dauern, bis sie
ein großer Baum ist.

1. Wählt einen Baum in der Nähe der Schule aus. Beobachtet ihn im Jahreslauf.
2. Überlegt, wie ihr eure Beobachtungen (Fotos, Notizen, ...) festhalten könnt.

Schwierige Wörter

Birne | Erde | Wurzel | Arm | Herbst | Donnerstag

schwarz | warten | turnen | lernen | werden | hart

1. Bei manchen Wörtern hörst du r nach dem Selbstlaut nicht gut.
   Sprich in Silben oder verlängere.

2. Schreibe die Wörter auf.
   Markiere das r nach dem Selbstlaut.
   die Birne

3. Setze die passenden Wörter ein und schreibe die Sätze auf.

Im ___ leben verschiedene Tiere.
Der Regen fällt auf die ___.
Die ___ stehen auf der Weide.
Die ___ versorgt die Pflanze mit Wasser.
Im Sommer ist es ___.
Die Schale der Kastanie ist ___.

Garten | Erde | warm | Pferde | Wurzel | hart

4. Wörter mit V/v musst du dir merken.
   Schreibe die Sätze auf. Markiere V/v.

In der Vase stehen vier violette Veilchen.
Im November versucht Vater ein Haus für Vögel zu bauen.
Der Vogel verspeist verschiedene Leckereien.
Auf der Straße ist viel Verkehr.

5. Schreibe eigene Sätze mit V/v-Wörtern.

Die Hecke

Im Herbst reifen viele Beeren an den Heckensträuchern.
Deshalb ist die Hecke ein Futterparadies für Vögel.
Vögel, die in den Süden fliegen,
stärken sich für den anstrengenden Flug.
Viele Vogelarten fressen Beeren.
Singdrosseln fressen besonders gerne Hagebutten und Weißdornbeeren. Amseln, Buchfinken und Rotkehlchen freuen sich auf die reifen Holunderbeeren.

Tipps für Sachtexte:

- Schreibe Wörter, die du nicht kennst, auf einen Zettel.
- Finde heraus, was die Wörter bedeuten.
- Fotos und Zeichnungen helfen, den Text zu verstehen.

1. Schreibe die Antworten auf.
   - Welche Beeren werden gerne von Vögeln gefressen?
   - Was ist mit dem Futterparadies gemeint?
   - Warum müssen sich Zugvögel im Herbst stärken?

Wörter mit ck und tz

Hecke Schnecke Decke Brücken

Socke Glocke Locke Stock

Rücken Block Zucker Rock

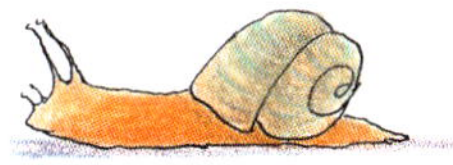

1. Schreibe die Wörter auf. Markiere ck.
   Hecke, Schnecke

2. Schreibe Reimwörter untereinander.
   Hecke
   Schnecke
   ...

3. Schreibe Reimwortpaare auf. Suche auch eigene.
   Markiere tz.

Tatze Pfütze sitzen

Mütze Katze spritzen

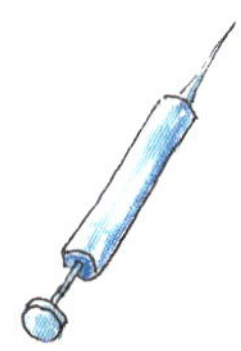

4. Suche Wörter, in denen ECKE versteckt ist.

Wörter schneller lesen

necken	ducken	bücken	sitzen	schmatzen
lecken	rucken	drücken	schwitzen	kratzen
wecken	zucken	pflücken	blitzen	schwatzen
schmecken	gucken	rücken	ritzen	platzen

Ritter Igel

Igel haben einen Stachelpanzer.
So gerüstet nehmen sie es
mit ihren Feinden auf.
Aber trotzdem werden sie manchmal
von Raubtieren angegriffen.
Marder, Fuchs und sogar Hunde
schaffen es mitunter, Igel zu erbeuten.

Dabei gelingt es ihnen,
das Stacheltier am Bauch zu packen.
Dann kann der Igel sich nicht mehr
schnell genug einrollen.

Junge Igel haben noch keine
so harten Stacheln und
werden sogar von Katzen getötet.

Der Uhu packt den Igel einfach
an seinen Stacheln.
Seine langen Greiffüße
spüren keine Stiche.

Der Stachelpanzer schützt einen Igel
zwar oft vor Angreifern,
aber eben nicht immer.
So, wie das harte Schalenhaus
eine Schnecke nicht davor schützt,
von einem Igel verspeist zu werden.

Manchmal hört man,
dass zum Speisezettel des Igels
sogar Giftschlangen gehören.
Weil ihm ihr Gift nichts ausmacht.

Normalerweise gehen sich
die beiden aber aus dem Weg.

Sollte der Igel von der Schlange
gebissen werden, ist das
tatsächlich nicht schlimm.
Er verträgt ja auch das Gift,
das die Schnecken im Körper haben,
die vom Gartenbesitzer
mit Schneckenkorn vergiftet wurden.

Igel verspeisen vor allem Würmer,
Tausendfüßler, Asseln, Käfer,
Engerlinge und Spinnen.
Und im Herbst gerne auch
überreifes Obst.

Aber sie warten nicht unter
einem Baum auf einen
herabfallenden Apfel.
Es ist gelogen, dass sie ihn
mit den Stacheln aufspießen,
um ihn in ihre Vorratskammer
zu schleppen.

Seine Vorratskammer hat ein Igel
nämlich immer dabei!

Der Igel

Der Igel hat je nach Größe 3 000 bis 10 000 Stacheln.

So lang ist ein Stachel!

Seine Nasenspitze ist immer feucht. So kann der Igel besser riechen!

Er hört sehr gut und erschrickt beim leisesten Geräusch!

Dieses Würstchen verrät dir: Hier war ein Igel!

Der Igel tritt beim Gehen mit der ganzen Sohle auf.

Den ganzen Winter verschläft er unter einem Laubhaufen.

Igelsprache:

„Ich fühle mich sicher!"

„Gefahr in Sicht!"

„Ich will meine Ruhe!"

Igel-Experten

1. Lies in den Igel-Texten auf den Seiten 170 bis 172 nach.
Schreibe die Antworten zu den Fragen auf.

- Welche Feinde hat der Igel?
- Was fressen Igel?
- Warum sind Katzen für junge Igel gefährlich?
- Warum kann ein Igel auch Giftschlangen fressen?
- Warum kann sich der Igel trotz seiner Stacheln nicht vor dem Uhu schützen?

★ **2.** Wieso hat ein Igel seine Vorratskammer immer dabei?

3. Was möchtest du dir merken?
Schreibe wichtige Sätze auf.
Nutze die Informationen aus den Texten.
Du kannst dich auch in anderen Büchern oder im Internet informieren:
www.blinde-kuh.de

★ **4.** Gestaltet gemeinsam ein Igel-Buch.

5. Wo hat sich der Igel versteckt?

Im Gras raschelt es.
Ganz leise schleiche ich mich an.
Es bewegt sich nicht.
Liegt dort ein Igel?

GRAS

VOGEL

GARTEN

6. Schreibe eigene Rätsel.

Ein Wunschhund für Oskar

Oskar wünscht sich einen Hund. Er weiß auch schon genau, wie sein Hund aussehen soll. Die Farbe ist Oskar ziemlich egal. Aber schön wäre es, wenn er viele Flecken auf dem Rücken und schwarze Ringe um die Augen hätte. Außerdem soll er ein weiches Fell haben, damit sich Oskar schön an ihn kuscheln kann. Aber was ganz wichtig ist: Sein Hund muss unbedingt Schlappohren haben. Die hüpfen nämlich so lustig auf und ab, wenn der Hund über eine Wiese rennt.

Aber Oskar kann keinen Hund haben. Sein Papa muss immer niesen und sich kratzen, wenn ein Hund in der Nähe ist. „Wenn du unbedingt ein Tier haben willst", sagt sein Vater, „wie wäre es mit einer Schildkröte? Oder Fischen? Einem Vogel?" Aber so ein Tier möchte Oskar nicht. Denn was ihm an einem Hund so gut gefällt, ist, dass man mit dem draußen spazieren gehen kann. Das geht ein bisschen schlecht mit einer Schildkröte. Und schon gar nicht mit einem Fisch oder einem Vogel.

Auf dem Weg zur Schule kommt Oskar jeden Tag am Bauernhof von Familie Beckmann vorbei. Hier wohnt ein Hund. Er heißt Elvis. Elvis ist grau. Er hat keine schwarzen Ringe um die Augen und auch keine Flecken auf dem Rücken. Sein Fell ist auch nicht kuschelig, sondern ziemlich struppig. Aber er hat ganz lange Schlappohren. Und wenn er hechelt, sieht es aus, als ob er Oskar anlächeln würde.

Elvis mag Oskar. Oskar redet nämlich immer mit ihm. Oskar mag Elvis auch, sogar sehr. Am liebsten würde er ihn mit nach Hause nehmen. Aber das geht ja nicht.

Also besucht Oskar Elvis jeden Nachmittag bei Bauer Beckmann. Eines Tages hat Oskar eine Idee. Erst traut er sich nicht, aber dann fragt er Bauer Beckmann doch: „Darf ich mal mit Elvis spazieren gehen?" „Meinetwegen", antwortet Bauer Beckmann. Er holt eine starke Leine und befestigt sie an Elvis' Halsband. Die drückt er Oskar in die Hand. „Aber lass Elvis ja nicht von der Leine", ermahnt er ihn. „Hörst du?! Sonst haut er nämlich ab." Oskar nickt.

Anne Maar

1. Wünschst du dir auch ein Tier? Begründe deine Antwort.

Hundesprache

Hunde können bellen, knurren, winseln oder jaulen.
Mit dem Körper drücken Hunde aus,
wie es ihnen geht und was sie möchten.
Sie haben wie Menschen eine Körpersprache.
Durch die Körperhaltung, die Schnauze, durch seine Ohren
und besonders durch die Stellung seines Schwanzes
teilt sich ein Hund mit.

1. Beschreibe die Körpersprache des Hundes.
   Was hat der Hund als Nächstes vor?

2. Gib dem Hund einen Namen und schreibe eine Geschichte.

Haustier-Steckbriefe

Die Kinder der Klasse 2c schreiben Steckbriefe über Haustiere. Vorher haben sie Informationen gesammelt: in Büchern, im Internet, bei einem Besuch im Zoogeschäft.

1. Welche Informationen brauchst du für einen Steckbrief? Ordne die Informationen.

Aussehen, Pflege, Ernährung, Kosten, ...

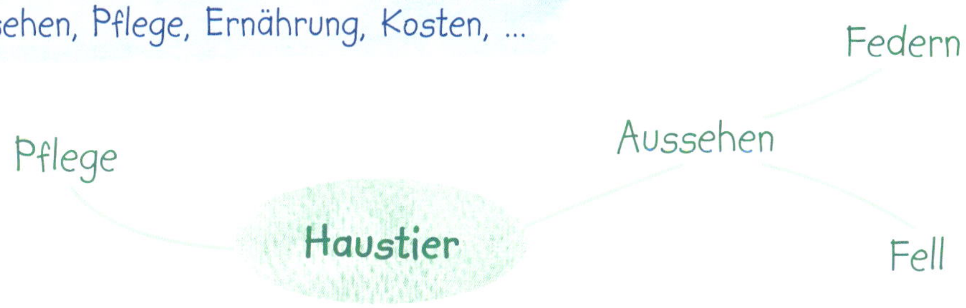

2. Schreibe einen Steckbrief zu einem Haustier.

Steckbrief: Kalle

Rasse: Beagle
Alter: 7 Jahre
Aussehen: weiß mit hellbraunen und schwarzen Flecken
Geschlecht: männlich
Futter: Trockenfutter, Knochen
Pflege: Fell bürsten
Eigenschaften: anhänglich, verspielt, lieb
Besonderheiten: verjagt Vögel, bewacht Menschen, liebt Käse

3. Stellt euch eure Steckbriefe gegenseitig vor.

4. Hängt die Steckbriefe in der Klasse aus oder stellt ein Haustierbuch zusammen.

Wörter mit ie

Wörter, in denen du ein langes i hörst, werden meistens mit ie geschrieben.

1. Schreibe die Wörter auf. Markiere ie.

liegen | Wiese | Brief | lieb | Biene

lieben | fliegen | Papier | Tier | Zwiebel | Dienstag

2. Setze die passenden Wörter ein und schreibe die Sätze auf.

Bienenstich | Wiese | Wiese | Biene | Sie | fliegt | lieber | die

Auf der ___ summt eine ___.
___ ___ von Blume zu Blume.
Leg dich ___ nicht auf ___ ___.
Ein ___ tut sehr weh.

3. Diese Wörter mit langem i musst du dir merken, weil sie nicht mit ie geschrieben werden. Schreibe sie in eine Tabelle.

i	ih
Tiger	...

Tiger | Zitrone | ihr | ihm | ihn | Igel | lila | Kino

4. Ordne die Tiere nach dem ABC. Wenn du zu einem Buchstaben mehrere Tiere findest, musst du auf den zweiten Buchstaben achten.

Katze | Affe | Fisch | Hase | Maus | Meerschweinchen

Papagei | Ratte | Wellensittich | Hund | Pferd | Wal

Natur-Quiz

1. Schreibe zu den Antworten Fragekarten für ein Quiz.

Der Mammutbaum wächst in Amerika.

Wo …?

Der Igel hat 3 000 bis 10 000 Stacheln.

Wie viele …?

Die Kastanie wächst etwa 80 Jahre lang,
bis sie ein großer Baum ist.

Wie lange …?

Hunde schnüffeln mit ihrer Nase.

Wer …? Womit …?

Der Igel hält unter einem Laubhaufen seinen Winterschlaf.

Wer …? Wo …? Was …?

Zugvögel fliegen im Herbst in den Süden.

Wer …? Wann …? Wohin …?

Im Herbst fressen die Vögel die Beeren
der Heckensträucher.

Wann …? Wer …? Was …?

Prüfe, ob du am Ende einer Frage das Fragezeichen gesetzt hast.

★ **2.** Schreibt weitere Quizkarten.

Spaziergang im Septemberwind

Du musst ihn hoch halten, Opa! So hoch, wie's geht!

Tu ich schon die ganze Zeit.

Warum fliegt er dann nicht?

Weiß ich doch nicht! Vielleicht machst du was falsch mit der Schnur …

Nein, bestimmt nicht. Schau … da drüben!

Was?

Die da drüben! Ihrer fliegt.

Ein gekaufter Drachen! Das sieht man doch.

Ist der besser als unser gebastelter?

Nein.

Unserer fliegt aber nicht. Ihrer schon.

Red nicht so viel. Pass lieber auf die Schnur auf!

Du bist heut gar nicht lustig, Opa. Warum?

Darum!

Musst ihn eben noch höher halten …

Höher geht's nicht mehr. Jetzt pass auf,
gib mit der Schnur nach, ich lass ihn los.

Wieder nichts. Opa?

Ja?

Ich glaub, du hast was falsch gemacht bei deinem Drachen …

Es ist genauso dein Drachen!

Ja schon, aber …

Nichts aber! Haben wir ihn miteinander gemacht,
ja oder nein? Falsch oder richtig?

Du bist heute wirklich nicht lustig, Opa.

Nein.

Warum denn?

Weil der Drachen nicht fliegt!

Reg dich doch nicht so auf, Opa!
Wir probieren's einfach noch mal.
Wir haben doch Zeit, oder?

Ja.

Komm, halt ihn ganz hoch … und jetzt – lass los!
Opa! Er fliegt! Ein bisschen … fliegt er … er fliegt!

War auch höchste Zeit!

Anne Faber

Sankt Martin

Vor über 1600 Jahren lebte ein Junge, der Martin hieß.
Schon mit 15 Jahren wurde er auf Wunsch seines Vaters Soldat.
Eines Abends ritt Martin auf eine Stadt zu.
Es war Winter und bitterkalt.
Am Stadttor kam er an einem Bettler vorbei.
Der alte Mann fror. Er flehte Martin um Hilfe an.
Er tat Martin sehr leid.
Martin nahm sein Schwert und teilte
seinen warmen, roten Mantel.
Die eine Hälfte davon gab er dem Bettler.
Eilig ritt Martin auf seinem Pferd davon.
Der Bettler konnte ihm nicht mehr danken.

1. Erzählt, wie bei euch das Martinsfest gefeiert wird.

2. Sammelt Bilder, Lieder und Geschichten von Sankt Martin.
   Gestaltet ein Martinsbuch für eure Klasse.

Am 6. Dezember ist Nikolaustag

Der heilige Nikolaus war ein Bischof, der im 11. Jahrhundert in Myra lebte, das ist in der heutigen Türkei. Einmal soll er drei Töchtern eines armen Mannes geholfen haben: Der Vater war in großer Not, denn er konnte ihnen keine Mitgift für eine Hochzeit geben. Da warf der heilige Nikolaus in drei aufeinanderfolgenden Nächten jeweils einen Goldklumpen in die Stube der Familie und befreite sie so von ihrer Not. Außerdem galt er als besonders kinderfreundlich. Früher bekamen die Kinder am Nikolaustag Geschenke – zu Weihnachten wurde damals noch nicht beschert. In den Niederlanden ist Nikolaus auch heute noch der Geschenkbote. Bei uns zieht in vielen Gegenden ein verkleideter Nikolaus durch die Dörfer und bringt Nüsse und Süßigkeiten für die Kinder. Viele Kinder stellen am Nikolausabend einen geputzten Stiefel vor die Tür. Sie hoffen, dass der Nikolaus ihn mit leckeren Sachen füllt.

Um den Nikolaustag herum beginnen wir mit der Weihnachtsbäckerei. Lebkuchen müssen rechtzeitig zubereitet werden, weil sie noch drei Wochen lagern müssen, um weich zu werden. Sie galten früher als Arznei. Das richtige Nikolausgebäck sind aber die „Klausenmänner“ oder „Nikoläuse“, die in vielen Gegenden gebacken werden.

Der kleine Stern

Es war einmal in einer Nacht, da geschah etwas Besonderes:
Die Sterne strahlten plötzlich ganz hell und begannen zu singen.
Sie sangen:
Das Christuskind ist geboren in einem Stall in Bethlehem.
Wir wollen allen diese frohe Botschaft verkünden.

Ein Schaf hört, wie ein großer Stern diese Botschaft singt.
Wie im Traum folgt es dem Stern.
Das Schaf merkt nicht, dass in seiner Nähe auch
ein kleiner Stern ganz leise die frohe Botschaft singt.

Ein Hahn vernimmt die frohe Kunde
von einem strahlenden Stern.
Mit fröhlichem Krähen folgt er ihm.
Auch der Hahn bemerkt den kleinen Stern nicht.

Dem Stier singt ein prächtiger Stern die frohe Botschaft.
Mit kräftigen Schritten stapft er dem Stern nach.
Auch der Stier sieht den kleinen Stern nicht.

Ein Esel hört einen hellen Stern von der guten Nachricht singen.
Voller Freude geht er hinter ihm her.
Aber den kleinen Stern erkennt auch der Esel nicht.

Das Schaf, der Hahn, der Stier und der Esel, sie wandern alle hinter den Sternen her bis zu dem Stall, in dem das Christuskind geboren wurde.

Nur der kleine Stern kann ihnen so schnell nicht folgen. Da wurde der kleine Stern traurig, denn er wollte auch den Weg zu dem Christuskind weisen wie die anderen Sterne.

Auf einmal hört er eine leise Stimme. Eine kleine Blume sagt zu ihm: „Bitte, lieber Stern, nimm meinen Duft und mein Leuchten mit zu dem Christuskind!“ Nun eilt der kleine Stern zum Stall, um dem Christuskind das Leuchten und den Duft der kleinen Blume zu bringen.

Im Stall stehen schon die Tiere: das Schaf, der Hahn, der Esel und der Stier. Sie schauen das neugeborene Christuskind an und freuen sich.

Als der kleine Stern in den Stall kam und dem Christuskind das Leuchten und den Duft der kleinen Blume brachte, da lächelte das Christuskind. Es wurde heller und heller im Stall und auf der ganzen Erde.

Der kleine Stern und die kleine Blume sind beide sehr glücklich. Von nun an heißen sie Weihnachtsstern und Christrose.

Masahiro Kasuya

1. Spielt die Geschichte nach. Ihr könnt sie zum Beispiel als Schattenspiel aufführen.

25. Dezember

Charles M. Schulz

1. Schreibe die Antworten auf.
   - Wem schreibt Linus?
   - Wofür bedankt er sich?
   - Was ist ein Dollar?
   - Warum ist Lucy wütend auf Linus?

2. Schreibe einem Kind aus deiner Klasse eine Karte und bedanke dich bei ihm.

3. Sammelt Weihnachtsgrüße in anderen Sprachen.

Der Schneemann

Früher war der Winter für die Menschen nur schwer zu ertragen. Sie litten unter der Kälte und dem Schnee.
Hunger und Not waren im Winter oft groß.
Das Leben der Menschen verbesserte sich im Lauf der Jahre. Der Schnee war nicht mehr schrecklich und bedrohlich.
Die Menschen erkannten, dass der Schnee auch viele schöne Seiten hat.

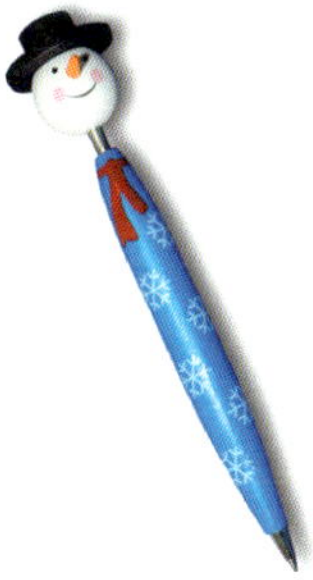

Es wurden die ersten Figuren aus Schnee gebaut.
So entstand der Schneemann.

Das Leben eines Schneemanns dauert meist nicht lange. Auch wer noch nie einen echten Schneemann gesehen hat, kennt ihn.

Das Heimatmuseum in Reutlingen hat sogar eine Ausstellung rund um den Schneemann gezeigt.

Die Schildkröte hat Geburtstag

Die Schildkröte hatte Geburtstag. Als sie aufwachte, dachte sie: Ob ich Geschenke bekomme? Am liebsten möchte ich einen großen grünen, saftigen Salatkopf haben! Hoffentlich denkt einer daran!

Zuerst kam der Löwe: „Einen fröhlichen Geburtstag, Schildkröte!", rief er. „Ich habe dir etwas Schönes mitgebracht! Ein großes Stück Fleisch!"

„Vielen Dank, lieber Löwe", sagte die Schildkröte, „es ist nett von dir, zu kommen. Aber ich esse nicht gern Fleisch. Ich esse am liebsten grünen Salat. Iss es selbst auf und wir plaudern ein bisschen dabei."

„Du weißt wirklich nicht, was gut schmeckt", sagte der Löwe und verspeiste das Fleisch.

Der nächste Besuch war der Elefant. „Ich habe dir einen Eimer Wasser zum Planschen mitgebracht!"

„Das ist sehr liebenswürdig von dir", sagte die Schildkröte, „aber Wasser habe ich nicht gern – nur vielleicht ein paar Tropfen Tau auf einem grünen Salatblatt. Dusch du doch bitte."

Der Elefant duschte sich tüchtig, bis das Wasser alle war.

Nach ihm kam der Pelikan. „Ich habe eine Überraschung für dich! Guck mal in meinen Schnabel hinein!“, sagte er. Darin lag ein großer Fisch. „Vielen Dank“, sagte die Schildkröte, „aber Fisch esse ich nicht. Iss du ihn selbst auf.“ Der Pelikan verschluckte den Fisch.

Die Sonne ging langsam unter und die Schildkröte wurde ein bisschen traurig. „Es war nett von meinen Freunden, mich zu besuchen und so viele Geschenke mitzubringen. Aber ich hätte so gerne nur einen ganz kleinen Salatkopf bekommen. Vielleicht im nächsten Jahr!“ Eine Träne rollte ihre Wange herunter. Plötzlich hörte sie eine kleine Stimme. „Schildkröte! Bist du noch wach?“ Es war die Maus mit einem großen Paket. „Einen fröhlichen Geburtstag!“, piepste sie. „Ich komme leider sehr spät, aber das Paket war so schwer zu schleppen.“ „Was kann nur darin sein!“, rief die Schildkröte. Sie machte es auf. Darin lag ein Salatkopf. Groß. Grün. Saftig. „Liebe Maus“, rief die Schildkröte, „genau das, was ich mir wünschte! Woher hast du es nur gewusst?“

Elisabeth Shaw

1. Lest die Geschichte mit verteilten Rollen.

2. Welche Geschenke bringen die Tiere mit?

Ramadan und Zuckerfest

Der **Ramadan** (Ramazan) ist der neunte Monat des islamischen Jahres. Das islamische Jahr ist etwas kürzer als unser Kalenderjahr. Deshalb „wandert“ der Ramadan im Kalender.

Während des Ramadan fasten die Muslime vom Tagesanbruch bis zum Abend. Es ist ihnen dann tagsüber verboten, zu essen, zu trinken, zu rauchen oder Parfüm zu benutzen. Am Ende des Ramadan wird ein fröhliches Fest gefeiert. Es dauert drei Tage und heißt **Zuckerfest**. Für Muslime ist es das schönste Fest im ganzen Jahr.

Bevor das Zuckerfest beginnt, geht das Kind zu seinen Großeltern. Das Kind küsst die Hand der Großmutter und des Großvaters.

Es sagt: „Şeker Bayramınız kutlu olsun.“
„Ich gratuliere zum Zuckerfest.“
Die Großeltern antworten: „Maşallah.“
„Gott schütze dich.“
„Senin de Bayramın kutlu olsun.“
„Ich gratuliere dir auch zum Fest.“
Danach wird das Kind mit Süßigkeiten oder Geld beschenkt.

Julia und Ibrahim

Bei Ibrahim zu Hause wird ein Fest gefeiert: das Zuckerfest. Julia ist für den Nachmittag eingeladen. Ein wenig aufgeregt schellt sie an der Wohnungstür. Ein kleiner Junge öffnet und ruft gleich in die Wohnung hinein: „Iiibrahim!“

Dieser kommt schnell und begrüßt seine Klassenkameradin. Julia wird ins Wohnzimmer geführt, wo viele festlich gekleidete Menschen sitzen, die sich fröhlich unterhalten.

Ibrahim stellt Julia seinen Eltern vor. Die Mutter führt die Kinder an einen Extratisch. Darauf stehen verschiedene Süßigkeiten: kandierte Früchte, gebrannte Mandeln, Kuchen, Plätzchen, Pralinen.

„Boh!“, staunt Julia. „Sieht das alles lecker aus. Jetzt weiß ich auch, warum dieses Fest Zuckerfest heißt!“

Ibrahim fordert Julia auf, zuzugreifen. Sie entscheidet sich zunächst für Baklawa, in Honig getränkten Blätterteigkuchen. Ibrahim kaut immerzu Zuckermandeln und erklärt dann: „Bis gestern Abend durften wir einen Monat lang nur essen, wenn die Sonne untergegangen war. Das war der Ramadan. Nun ja –“, und er schiebt neue Mandeln nach, „für uns Kinder ist es nicht ganz so streng, aber meine Eltern halten sich daran.“

„Ihr durftet also nur abends essen?“, erkundigt sich Julia. „Und frühmorgens, vor Sonnenaufgang! Aber ab heute ist das vorbei.“
„Na, auf jeden Fall kann ich verstehen, dass ihr heute dieses Fest feiert!“

Georg Schwikart

Ostern

Osterhase, Osterfest,
Ostereier, Osternest,
Osterfrieden, Osterbrauch,
Osterglocken, Osterstrauch,
Osterwunsch und Osterlied,
Osterkaktus, der rot blüht,
Osterbrunnen, Osterbaum,
dazu auch ein Ostertraum,
Ostergras und Osterkranz,
Ostertag im Frühlingsglanz
und der Ostersonnenschein
lädt zum Osterwandern ein.

Osterküken, Osterkleid,
Osterfreude macht sich breit,
Osterlamm und Osterhut,
Osterzopf, auch der schmeckt gut,
Ostergäste, Ostertrubel
und dazu viel Osterjubel.
Osterwasser, Osterlicht,
Ostersegen und Gedicht.

Sonja Keil

Frühling

Eines Morgens ist der Frühling da.
Die Mutter sagt,
sie riecht ihn in der Luft.

Pit sieht den Frühling.
An den Sträuchern im Garten
sind hellgrüne Tupfen.

Anja hört den Frühling.
Neben ihr, auf dem Dach,
singen die Vögel.

Unten vor dem Haus
steigt Vater in sein Auto.
Er fühlt den Frühling.
Die Sonne scheint warm
auf sein Gesicht.

Aber schmecken
kann man den Frühling noch nicht.
Bis die Erdbeeren reif sind,
dauert es noch lange.

Christine Nöstlinger

Wenn der Maikäfer fliegt

Manchmal findest du auf dem Boden zwei Maikäfer, die aneinanderhängen. Sie paaren sich.

Wenig später gräbt sich das Weibchen wieder in die Erde ein, um dort seine Eier zu legen.

Aus den Eiern schlüpfen Larven. Anfangs sind sie noch klein und bleiben dicht zusammen. Sie fressen ganz feine Wurzelhärchen. Im zweiten Sommer können sie schon dünne Wurzeln fressen.

Im dritten Sommer haben die Engerlinge sehr viel Hunger. Sie fressen die Wurzeln von Erdbeeren ab. Oder von Salatpflanzen. Oder von einem ganzen Haselnuss-Strauch. Oft welkt die Pflanze dann und geht ein.

Wenn es kälter wird, graben sich die Engerlinge tiefer in die Erde. Wenn sich der Engerling dick gefuttert hat, sucht er sich einen ruhigen Platz tief in der Erde und verpuppt sich.

Nach einigen Wochen schlüpft der Käfer aus. Er ist in der ersten Zeit weiß und bleibt in seiner kleinen Höhle.

Nach und nach gräbt er sich immer weiter nach oben.

Unter der Erde wartet er, bis die warme Frühlingssonne scheint. Dann bohrt er sich ein Loch ins Freie.

Drei bis vier Jahre dauert das Leben unter der Erde. Die Käfer selber leben nur ungefähr einen Monat – von Mai bis Juni!

Marliese Arold

1. Suche zu jedem Bild einen passenden Satz aus dem Text.

Zum Muttertag

Auch in vielen anderen Ländern wird Muttertag gefeiert.

1. Gestalte mit diesen Glückwünschen deine Karte zum Muttertag.

Wir feiern und laden ein

Ein Tag für Haiti

in der Beckbuschschule

Die Gerhard Tersteegen Schule veranstaltet am **7. Juli** einen Tag für Haiti.

Der Schulchor führt für alle interessierten Eltern, Verwandten und Freunde um **16.30 Uhr** in der Aula das Stück „Die Rache der Igel" auf.

Ab 17 Uhr findet zusätzlich noch auf dem Schulgelände ein Flohmarkt statt.

Kaufen Sie gebrauchte und neue Sachen auf unserem Flohmarkt.

Wir machen Sie und die Menschen in Haiti glücklich.

Alle Einnahmen des Tages werden den Kindern in Haiti gespendet!

Einladung

Liebe Klasse 2c!

Wir möchten euch ganze herzlich zu unserem Stabpuppenspiel

„Die Lerche und die Klapperschlange"

einladen.

Kommt bitte Dienstag nach der Pause in unser Klassenzimmer. Bringt Sitzkissen mit.

Wir freuen uns auf euch.

Eure Klasse 2b

1. Gestaltet eine Einladung. Überlegt, welche Informationen eure Gäste brauchen.

Ferien zu Hause? Kein Problem!

Erlebnistag Abenteuerhof

Alter: 6 – 9 Jahre Preis: 5,- €

Mitzubringen sind: Verpflegung und Sonnen- / Regenschutz

Auf unserem großen Gelände mitten im Wald kannst du viele Abenteuer erleben. Du kannst die Tiere auf unserem Hof kennenlernen. Oder möchtest du eine große Holzfigur schnitzen? Keine Lust darauf? Dann kannst du auf dem Lagerfeuer kochen oder im Steinofen Brot backen. Oder möchtest du lieber sägen und hämmern und mit uns ein Baumhaus bauen? Wenn es zu heiß wird, kannst du dich auf dem Wasserspielplatz abkühlen. Wir freuen uns auf deinen Besuch.

Pony- und Reittag

Alter: 6 – 8 Jahre Preis: 5,- €

Mitzubringen sind: Verpflegung und Sonnen- / Regenschutz

Magst du Pferde? Dann bist du bei uns genau richtig. Auf unserem Ponyhof gibt es viel zu entdecken. Du kannst mit den Ponys kuscheln und sie putzen. Natürlich kannst du auch auf ihnen reiten und jede Menge über Pferde erfahren. Wir haben uns viele Spiele für euch ausgedacht.

1. Welches Ferienangebot würde dich interessieren? Begründe.

2. Welche anderen Angebote wünschst du dir?

3. Wie könnt ihr euch mit anderen Kindern verabreden?
Organisiert euer Ferientreffen.

4. Ferien zu Hause können auch toll sein.
Sammelt in der Klasse Tipps und Ideen gegen Langeweile.

Sprechen

Miteinander sprechen

Wenn du jemanden zum ersten Mal am Tag triffst, begrüße ihn.

Wenn du jemanden anrufst, nenne zuerst deinen Namen. Sage danach, was du möchtest.

Wenn du von jemandem etwas möchtest, kannst du ihn höflich danach fragen.

Bedanke dich, wenn du etwas bekommst oder jemand etwas für dich macht. Sage, wofür du dich bedankst.

Überlege, wie du jemanden noch begrüßen kannst.

Achte morgen darauf, wie du deine Mitschüler begrüßt.

Gespräche führen

Bei einem Gespräch ist es wichtig, Regeln zu beachten.

- Bleibe beim Thema.
- Fasse dich kurz.
- Lass die anderen ausreden.
- Hör genau zu.

Achte beim nächsten Partnergespräch auf die Regeln. Beobachte auch deinen Partner. Gib ihm deine Rückmeldung.

Klar und deutlich sprechen

Wenn du anderen etwas mitteilst, ist es wichtig, dass du deutlich sprichst.
So können dir alle gut zuhören:

- Überlege, was du sagen möchtest.
- Nimm eine aufrechte Haltung ein und sieh deine Zuhörer freundlich an.
- Sprich klar und deutlich in kurzen Sätzen.
- Lege Pausen ein, damit deine Zuhörer mitdenken können.
- Verändere deine Stimme (laut – leise, langsam – schnell).

Sprich diesen Satz: *Ich will klar und deutlich sprechen.*
Verändere deine Stimme.

Frage deinen Partner, bei welchem Sprechtempo und bei welcher Lautstärke er dich am besten versteht.

Erzählen

Wenn du eine Geschichte erzählen oder von einem Erlebnis berichten möchtest, erzähle so, dass andere dir gerne zuhören:

- Achte auf die Reihenfolge.
- Bleibe beim Thema.
- Lass Unwichtiges weg.
- Spiele mit der Stimme.

Erzähle von deiner letzten Pause. Achte auf die Regeln.
Bitte deine Gesprächspartner um eine Rückmeldung.

Einen Vortrag halten

Mit einem Vortrag zeigst du anderen, dass du ein Experte bist.
So gelingt dein Vortrag:

- Atme dreimal tief durch, bevor du beginnst.
- Schaue alle Kinder an, wenn du sprichst.
- Nenne dein Thema.
- Sprich mit deinen eigenen Worten und lies nichts ab.
- Bedanke dich am Schluss bei deinen Zuhörern.
- Beantworte die Fragen deiner Zuhörer.

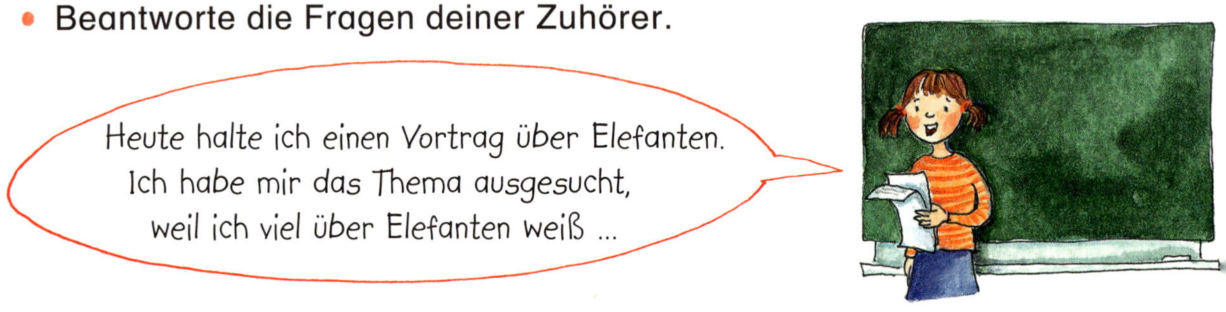

Überlege dir, worüber du einen Vortrag halten möchtest.
Wie soll dein Vortrag beginnen und enden?

Tipps:

- Stichwörter helfen dir, damit du nichts vergisst.
- Dein Vortrag wird interessanter, wenn du ein Plakat oder Gegenstände passend zum Thema zeigst.

Ein Gedicht vortragen und Theater spielen

Betone wichtige Wörter besonders, wenn du ein Gedicht vorträgst oder Theater spielst. Achte auch auf deinen Gesichtsausdruck und auf passende Bewegungen.

Übe dieses Gedicht vorzutragen.

Der Fisch im Meer

Der Fisch im Meer
schwimmt hin und her,
dort kann es ihm gefallen.
Mit runden Augen schaut er an
die Muscheln und Korallen.

Josef Guggenmos

Zuhören

Manchmal ist es nicht so einfach, anderen zuzuhören.
So fällt es dir leichter, jemandem zuzuhören:

- Leg weg, was du gerade nicht brauchst.
- Nimm eine für dich angenehme Haltung ein.
- Sage es, wenn dich etwas stört.

Gib deinem Partner diesen Auftrag:
*Fasse dir mit der linken Hand an die Nase
und hüpfe dabei dreimal auf dem rechten Bein.*

Denkt euch weitere Aufträge aus. Wechselt euch ab.

Eine Rückmeldung geben

Wenn ein Kind einen Vortrag gehalten hat oder etwas erzählt hat, kannst du ihm eine Rückmeldung geben.

- Überlege, was du sagen willst.
- Sprich das Kind direkt an.
- Frage nach, wenn du etwas nicht verstanden hast oder wenn du noch mehr wissen möchtest.
- Sage, was dir gefallen hat.
- Mach Vorschläge, was das Kind noch verbessern könnte.

Ich habe noch eine Frage: Wie viele Bücher hat Paul Maar geschrieben?

Ich habe einen Tipp: Sprich beim nächsten Mal langsamer, damit ich dich besser verstehen kann.

Mir hat gefallen, dass du ein Bild gezeigt hast.

Gib einem Kind, das etwas erzählt
oder einen Vortrag hält, eine passende Rückmeldung.

Blitzlesen üben

Manche Wörter kommen in Texten häufig vor.
Du kannst üben, diese Wörter ganz schnell zu erkennen.

ab	nein	wir	bei
am	nun	wem	bin
an	nur	was	bis
auf	nie	weil	und
aus	nach	wenn	oder
aber	nicht	warum	dann
als	nichts	welche	
also			

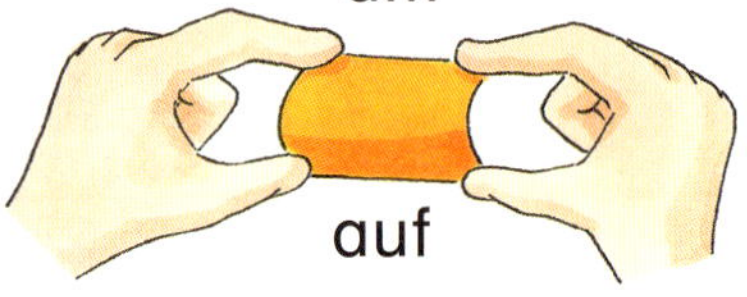

Nimm eine Karte und lege sie auf einen Wörterturm.
Decke ein Wort nur kurz auf. Lies es vor.

Lange Wörter lesen

Lange Wörter sind manchmal schwer zu lesen.
Wenn du sie in Leseschritte aufteilst, klappt es besser.

Zerlege die Wörter in Silben.

No-vem-ber Ther-mo-me-ter Weih-nach-ten

Ge-burts-tags-ku-chen durch-ein-an-der be-zah-len

Suche bekannte Wortteile in Wörtern.

verlaufen versuchen vorsagen Vortrag freundlich fröhlich plötzlich

Suche bekannte Wörter in Wörtern.

Baumstamm Handtuchhalter Schuhkarton

Schneeballschlacht Butterbrot Eierkuchen

Genau lesen

Du musst genau lesen, damit du Aufgaben richtig bearbeiten und Anleitungen richtig umsetzen kannst.

Male die Katze ab.
Male die Katze an.

Bastle kein Schiff.
Bastle ein Schiff.

Lies die folgenden Anweisungen genau.
Setze die Anweisungen um.

Hole deine Stifte aus der Schultasche.
Hole keine Stifte aus der Schultasche.

Setze dich auf den Sand.
Setze dich auf den Rand.

Erkläre den Unterschied.

Lion schmatzt beim Mittagessen.
Lion schwatzt beim Mittagessen.

Satzzeichen beachten

Punkte, Fragezeichen und Ausrufezeichen helfen dir, einen Text zu verstehen.

In jeder Pause spielen die Kinder Fußball. Marlen und Anna springen mit dem Seil. Luca und Cem fangen die Mädchen aus Klasse 3. Was spielen die Kinder bei euch auf dem Schulhof?

Lies und achte dabei auf die Satzzeichen.

Lies diese Sätze so, dass du hörst, welche Satzzeichen am Ende des Satzes stehen.

Achtung, Leseratten! In der Bücherei findet Lisa immer ein spannendes Buch. Gehst du auch in die Bücherei und leihst Bücher aus?

Überschriften lesen

Überschriften machen auf die Geschichte neugierig.
Schon bevor du liest, vermutest du, was in dem Text stehen könnte.

Der Wunschhund | Das Märchenfest | Die Amsel

Welche Informationen geben dir die Überschriften?

Welchen dieser Texte möchtest du lesen?
Begründe deine Auswahl.

Texte mit Bildern lesen

Bilder machen dich neugierig auf einen Text.
Sie helfen dir auch, einen Text besser zu verstehen.

Hundekopf aus Papier

Du brauchst:
ein Papierquadrat, Buntstifte

- Lege das Papier so vor dich hin, dass eine Ecke zu dir zeigt. Falte die obere Ecke auf die untere.
- Falte die seitlichen Spitzen als Ohren nach unten.
- Falte die untere Spitze für die Schnauze ein Stückchen nach oben. Knicke eine kleine Spitze wieder nach unten.
- Male deinen Hundekopf an.

Lies die Anweisung und bastle den Hundekopf.

Sich Gedanken zu einem Text machen

Wenn du einen Text liest, findest du manche Personen nett.
Eine Person oder eine Situation kann dich auch an etwas erinnern, was du selbst schon erlebt hast.
So entstehen Bilder in deinem Kopf.

Moritz, der Angeber

Moritz nervt. Immer wenn jemand aus der Klasse irgendetwas nicht weiß, lacht er blöd. Dabei weiß er es selber meistens nicht. Aber er hat trotzdem dauernd den Finger oben. Und wenn die Lehrerin ihn dran nimmt, dann tut er so, als hätte er die Antwort gerade wieder vergessen. Oder er labert einfach dummes Zeug. So wie gerade eben. Als die Lehrerin fragt, ob jemand weiß, wo Island ist. „Irgendwo bei Indien“, sagt Anna. Die Lehrerin schüttelt den Kopf. „Neben Südamerika“, schlägt Sebastian vor. Die Lehrerin schüttelt noch einmal den Kopf. Und Moritz ruft: „Mann, seid ihr blöd. Weiß doch jeder!“ Aber dann sagt er nicht etwa, wo Island liegt. Sondern erzählt der Klasse, dass seine Eltern eine tolle Ferienwohnung in Spanien hätten. Moritz ist nämlich ein ziemlicher Angeber. Er hat auch immer die neuesten Klamotten an und prahlt damit, dass sein Vater Generaldirektor wäre. Seit letzter Woche hat Moritz auch ein Handy. Sonst hat keiner ein Handy. Und als ob das noch nicht reicht, spielt er die ganze Zeit damit rum. Macht das Licht an und aus und zeigt jedem genau, was sein Handy so alles kann.

Wolfram Hänel

- Wie stellst du dir Moritz vor?
- Möchtest du einen Freund haben, der so wie Moritz ist?
- Moritz ist ein Angeber. Stimmt das?

Unbekannte Wörter verstehen

In manchen Texten gibt es Wörter, die du nicht kennst.
Oft kannst du sie verstehen, wenn du den Satz
noch einmal genau liest oder wenn du weiterliest.

Damit mich Autofahrer in der Dunkelheit besser sehen können, habe ich an meiner Schultasche und an meiner Winterjacke Reflektoren. Wenn Licht auf die Reflektoren fällt, strahlen sie rot oder weiß zurück. Bei schlechter Sicht sind sie besonders wichtig.

Erkläre das Wort Reflektor.

Texte verstehen

Wenn du Fragen zu einem Text stellst,
kannst du ihn besser verstehen.

Viele unserer Haustiere sind Säugetiere. Hund, Katze, Meerschweinchen und Hamster sind zum Beispiel Säugetiere. Die Jungen wachsen im Bauch der Mutter. Sofort nach der Geburt werden sie von den Muttertieren gesäugt. Sie trinken die Milch so lange, bis sie allein Nahrung finden können oder von uns Menschen gefüttert werden. Viele Säugetiere sind für eine lange Zeit ohne das Muttertier hilflos.

Beantworte die Fragen.
- Welche Beispiele für Säugetiere findest du im Text?
- Wo wachsen die ungeborenen Säugetiere heran?
- Wie lange trinken die Jungen bei der Mutter Milch?

Stelle weitere Fragen. Wer …? Wie …? Wann …? Warum …?

Texte wiedergeben

Schlüsselwörter sind wichtige Wörter in einem Text.
Mit ihnen kannst du dir den Inhalt besser merken.

Nick Nase

Ich bin Nick Nase, der große Detektiv. Neulich war ich mit Schnuffel am Meer. Schnuffel ist mein Hund. Wir schwammen ein Stück und jemand schwamm hinter uns her. Es war Oliver. Wenn jemand hinter uns herkommt oder herschwimmt, ist es immer Oliver. Oliver ist eine Landplage. Aber er kann schnell schwimmen. Als er uns einholte, sagte er: „Ich hab meine Muschel verloren. Du musst sie wiederfinden.“ „Ich, der große Nick Nase, suche keine Muscheln“, sagte ich. „Und wenn ich es täte, bräuchte ich nur den Strand entlangzulaufen, da liegen jede Menge davon.“ „Die Muschel, die ich meine, war in meiner Badetasche“, sagte Oliver. „Die ist nämlich auch verschwunden.“ „Deine Badetasche?“ „Ja. Mit meinen Kleidern und meinen Schuhen drin.“ „Deinen Kleidern und deinen Schuhen?“ Die Sache wurde langsam spannend. „Du brauchst Kleider“, sagte ich, „und du brauchst Schuhe. Daraus folgt: Du brauchst mich. Ich, der große Nick Nase, übernehme deinen Fall.“

Marjorie Weinman Sharmat

Detektiv
Meer
Hund
wir schwammen
Oliver
Landplage
Muschel verloren
Badetasche
Kleider und Schuhe
spannend
Fall übernehmen

Lies den Text. Decke ihn dann ab.
Erzähle mit den Schlüsselwörtern von Nick Nases neuem Fall.

Texte schreiben

Texte planen

Wenn du etwas erzählen oder schreiben möchtest,
helfen dir Stichwörter, damit du nichts vergisst.

Kim will ihrer Oma von der Klassenfahrt zum Ponyhof erzählen.
Sie sammelt Stichwörter.
So hat sie einen „roten Faden“ für den Brief.

vorher aufgeregt,
Busfahrt, Zimmer,
Wanderung,
Lieblingspony,
Kinderdisko,
Modenschau, ...

Liebe Oma,
vor unserer Klassenfahrt war ich ganz
aufgeregt, weil ich etwas Angst vor der
langen Busfahrt hatte. Aber alles ging gut.
Ich hatte zusammen mit meinen drei
Freundinnen ein Zimmer ...

Ihrer Tante will Kim von der Modenschau erzählen.
Schreibe dazu Stichwörter auf.

Ideen sammeln

Ideen für eine Geschichte kannst du in einem Cluster sammeln.

Gespenster: Gänsehaut, Geräusche, Angst, Schatten, Bettlaken

Überlege dir, worüber du eine Geschichte schreiben willst.
Sammle Ideen in einem Cluster.

Tipp:

Wähle Ideen aus, die zusammenpassen.

Zu einem Bild schreiben

Du kannst zu einem Bild eine Geschichte schreiben.

- Suche dir ein Bild aus und sieh es dir genau an.
- Gib den abgebildeten Personen einen Namen.
- Schreibe in Stichwörtern auf, was dir zum Bild einfällt.
- Überlege dir eine Überschrift.

riesig, stark, hilfsbereit, lieb, klein, furchtlos, Spaziergang, verlaufen, Freunde, …

Suche ein Bild und schreibe eine Geschichte dazu.
Du kannst auch zu einem Gegenstand, zum Beispiel zu einer Muschel oder zu einem Stein, schreiben.

Tipp:

Erzähle die Geschichte einem anderen Kind zur Probe, bevor du sie aufschreibst.

Geschichten zu Geschichten erfinden

Du kannst Geschichten weitererzählen oder einen neuen Schluss finden.
Wenn du ein Bild zur Geschichte malst, werden dir viele neue Ideen einfallen.

Suche dir einen Text und male dazu ein Bild.
Überlege dir jetzt eine eigene Geschichte.

Zusammen eine Geschichte schreiben

Wenn ihr gemeinsam eine Geschichte schreibt, kommen viele Ideen zusammen.

- Setzt euch in einer Gruppe mit 3 bis 6 Kindern zusammen.
- Ein Kind sagt einen Satz und alle schreiben ihn auf.
- Ein anderes Kind sagt den zweiten Satz.
  Alle schreiben den Satz auf.
- So geht es weiter, bis die Geschichte fertig ist.
- Überlegt gemeinsam eine Überschrift.

Erfindet in einer Gruppe eine Geschichte.
Das ist der erste Satz:
Gestern machten wir einen Ausflug mit den Fahrrädern.

Beschreiben

Beschreibungen müssen so genau sein, dass der Leser sich die Menschen, Tiere, Pflanzen, Dinge oder Ereignisse vorstellen kann.

Mein neuer Schal
Mein Schal ist pink und hat lange Fransen.
An den Enden ist ein Muster aus roten Bären.
Er ist aus weicher Wolle. Ich kann ihn mir mehrmals um den Hals wickeln.

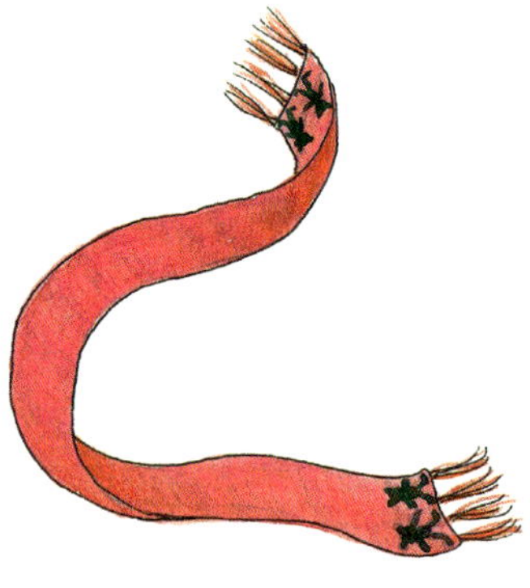

Stelle dir vor, deine Schultasche wäre verschwunden.
Beschreibe sie so genau, dass andere Kinder sie wiederfinden könnten.

Tipp:

Notiere dir zuerst Stichwörter zu den Punkten:
Aussehen, Größe und besondere Merkmale.

Gedichte schreiben

Ein Rondell besteht aus der Überschrift und 8 Zeilen.
In der 2., 4. und 7. Zeile steht immer derselbe Satz.
Er passt zur Überschrift und den anderen Zeilen.

Angst
Mein Zimmer ist dunkel.
Ich habe Angst.
Ich krieche unter die Bettdecke.
Ich habe Angst.
Der Fußboden knarrt.
Die Tür wird langsam geöffnet.
Ich habe Angst.
Zum Glück kommt Mama.

Schreibe ein eigenes Rondell.

Texte in Schreibkonferenzen überarbeiten

In einer Schreibkonferenz besprichst du deinen Text mit anderen Kindern. Für den Ablauf gelten feste Regeln:

- Ein Kind liest seine Geschichte vor.
- Die Zuhörer fragen nach, wenn sie etwas nicht verstanden haben.
- Sie sagen, was ihnen gut gefallen hat.
- Der Vorleser entscheidet, von wem er einen Tipp bekommen möchte.

Überarbeite einen eigenen Text in einer Schreibkonferenz.

Tipp:

Achte darauf, andere Kinder nicht zu beleidigen, wenn du ihnen einen Tipp gibst.

Geschichten ausgestalten

Adjektive (Wiewörter) machen einen Text interessanter.

Mein Traum
Ich habe von einem Gespenst geträumt. Es führte mich durch einen Wald und nahm mich mit in sein Schloss. Wir setzten uns an einen Tisch. …

Mein schöner Traum
Ich habe von einem freundlichen Gespenst geträumt. Es führte mich durch einen sonnigen Wald und nahm mich mit in sein prächtiges Schloss. …

Mein schlimmer Traum
Ich habe von einem schrecklichen Gespenst geträumt. Es führte mich durch einen dunklen Wald und nahm mich mit in sein schauriges Schloss. …

Schreibe beide Träume mit passenden Adjektiven (Wiewörtern) zu Ende.

Sätze verändern

Deine Geschichte wird interessanter, wenn du nicht immer die gleichen Verben (Tunwörter) verwendest.

Das Fußballspiel
Das Spiel geht gleich los und die Spieler gehen schon auf das Feld und der Schiedsrichter geht zur Mitte …

Beim Fußballspiel
Das Spiel fängt gleich an. Die Spieler laufen schon auf das Feld und der Schiedsrichter geht zur Mitte.

Suche andere Verben (Tunwörter) für gehen.
rennen, schleichen, humpeln, …

Texte gestalten

Oft ist es besonders wichtig,
einen Text schön zu gestalten.

Schreibe eine kleine Geschichte oder ein Gedicht auf.
Gestalte dann das Blatt so, dass du es verschenken kannst.

Texte ausstellen

Besondere Geschichten und wichtige Texte sollen
von allen Kindern gelesen werden. In der Klasse gibt es dafür
verschiedene Möglichkeiten.

Tipp:

Überprüfe die Rechtschreibung, bevor du einen Text ausstellst.

Richtig schreiben und Sprache untersuchen

Wörter Laut für Laut schreiben

Wenn du Wörter schreibst, musst du darauf achten,
dass du keinen Buchstaben vergisst oder
an eine falsche Stelle im Wort schreibst.

In diesen Wörtern hörst du jeden Laut. Schreibe die Wörter auf.
Überprüfe sie mit der Wörterliste oder dem Wörterbuch.

Überlege dir auch Wörter, in denen du jeden Laut hören kannst.
Schreibe sie auf.

Laute ersetzen

Oft braucht man nur einen Buchstaben zu verändern
und es entsteht ein neues Wort.

Zange Hand Nadel Stahl Fracht Schale

Bilde neue Wörter. Ersetze a durch u.
Schreibe beide Wörter auf.

In diesen Wörtern hörst du einen Selbstlaut.
Probiere aus, durch welchen Laut du ihn ersetzen kannst.

Rest Wette Berg Hase

frisch rot Geld

Markiere die veränderten Buchstaben:
Rest, Rost, Rast, ...

Wörter mitsprechen und verändern

Wenn du Wörter schreibst, hilft es dir, leise mitzusprechen.
So hörst du die Laute, die du schreiben musst.
Nicht alle Laute sind gleich gut zu hören.

Eltern   Sport   Murmel   Ostern   schwarz   turnen   warten

Lies jedes Wort genau. Decke es danach ab.
Schreibe es auf.

Tipp:

Wenn du nicht sicher bist, ob ein r in einem Wort steht, sprich das Wort einmal mit r und einmal ohne r.

Sprich die Wörter. Schreibe sie auf und markiere das r.
Wurzel – Wur-zel, ...

Wurzel   Thermometer   Kerze   Garten   gestern
Wärme   werden   hundert   lernen   morgen   Erde

Suche weitere Wörter, die am Ende der ersten Silbe ein r haben.
Schreibe sie auf.

Wenn du die Wörter veränderst, dann kannst du das r besser hören. Schreibe so und markiere das r:
ein Wurm – viele Wür-mer, ...

Markt   Wort   Bart   Wurst   Sturm   Stern   Korb   Pferd

Suche weitere Wörter, in denen ein r im Inneren steht und die du in die Mehrzahl setzen kannst.
Schreibe sie auf.

Wörter mit schwierigen Stellen schreiben

Es gibt Wörter mit besonders schwierigen Stellen.
Wie sie geschrieben werden, musst du dir merken.

Spinne   Stern   Vater   Quadrat   Fuß   Hexe   Katze

Suche jeweils weitere Wörter.

Sp/sp: Sport, sparen, ...
St/st: ...
V/v: ...

Tipp:

Manche Wörter musst du im Wörterbuch nachsehen.
Dafür ist es wichtig, das ABC zu können.

Das n in der Wortmitte kannst du meistens nicht deutlich hören.

Stängel   Onkel   trinken   singen   dunkel   Junge   eng
fangen   Finger   danken   bringen   denken   Stange   krank

Lies jedes Wort genau. Decke es dann ab. Schreibe es auf.
Sprich beim Schreiben Laut für Laut mit.
Überprüfe, ob du die Wörter richtig geschrieben hast.

Tipp:

Wenn du das Wort ohne n sprichst, fällt dir auf,
dass ng oder nk zusammengehören.

Wörter mit Doppellauten (Zwielauten) schreiben

In diesen Wörtern stehen für einen Laut mehrere Buchstaben.

Auge   Mais   eins   Heu   Läufer

Schreibe weitere Wörter mit Doppellauten (Zwielauten) auf.

Wörter in Silben schreiben

Wenn ein Wort sehr lang ist, hilft es dir, das Wort in Silben einzuteilen. So hörst du die einzelnen Laute besser heraus.

Gemüse: Ge-mü-se

Papageienkäfig: Pa-pa-gei-en-kä-fig

Februar: Fe-bru-ar

Donnerstag: Don-ners-tag

Schmetterling: Schmet-ter-ling

Sekunde: Se-kun-de

Lies Wort für Wort. Decke es ab. Schreibe es auf.

Suche lange Wörter. Diktiere sie deinem Partner so, dass er das Wort richtig schreiben kann.

Silben zusammensetzen

Wenn du Silbe für Silbe liest, achtest du besonders auf jeden Laut.

ne-lo-Me   by-Ba   mo-na-Li-de   na-ne-Ba

te-ma-To   te-Mi-nu   baum-Christ   ber-Sep-tem

tag-Sams   ter-Toch   Spa-ti-get   fon-Te-le

Schreibe die Wörter richtig auf.
Schreibe so: *die Melone, ...*

Schreibe auch diese Wörter richtig auf.
Achte auf die Großschreibung bei Nomen (Namenwörtern).

be-zau-rei   nu-ar-ja   chen-päck   leh-rin-re

la-scho-de-ko   te-tan   ga-auf-be   ling-früh

zes-prin-sin   to-ok-ber   nach-weih-ten

Nomen (Namenwörter) erkennen

Nomen heißen auf Deutsch Namenwörter.
Sie geben Dingen, Lebewesen und Pflanzen Namen.
Nomen (Namenwörter) haben immer einen Artikel (Begleiter):
der, die, das, ein, eine.

Nomen (Namenwörter) schreibt man mit großem Anfangsbuchstaben.
Deshalb musst du wissen, wie du sie erkennst:
Fast alle Nomen (Namenwörter) kannst du in die Mehrzahl setzen.

der Schrank	–	die Schränke	–	viele Schränke
die Freundin	–	die Freundinnen	–	viele Freundinnen
das Kind	–	die Kinder	–	viele Kinder

Suche Nomen (Namenwörter). Schreibe sie mit Artikel (Begleiter) in der Einzahl und Mehrzahl auf.

Verben (Tunwörter) erkennen

Verben heißen auf Deutsch Tunwörter.
Sie sagen oder beschreiben, was jemand tut.
Jedes Verb (Tunwort) gibt es in der Grundform: laufen, sagen, …

Wenn ein Verb (Tunwort) in einem Satz steht, verändert es seine Form.

Ich lache, wenn du lachst.

Schreibe Sätze mit den Verben (Tunwörtern) lesen und malen.

Tipp:

Wenn du nicht sicher bist, ob ein Wort ein Verb (Tunwort) ist, prüfe es, indem du das Wort mit ich oder du verbindest.

Adjektive (Wiewörter) erkennen

Adjektive heißen auf Deutsch Wiewörter. Sie beschreiben, wie etwas ist. Dadurch können wir Dinge unterscheiden oder sie uns besser vorstellen.

schwer – die schwere Tasche

leicht – die leichte Tasche

warm – der warme Pullover

fleißig – die fleißigen Schüler

Suche Adjektive (Wiewörter). Verbinde sie mit Dingen oder Menschen. Schreibe auf.

Tipp:

Wenn du nicht sicher bist, ob ein Wort ein Adjektiv (Wiewort) ist, prüfe, ob du mit dem Wort etwas vergleichen kannst.
Dein Kleid ist schöner als mein Kleid.
Paul ist fleißiger als ich.

Wortfamilien kennen

Zu einer Wortfamilie gehören Wörter, die den gleichen Wortstamm haben. Du findest Wörter einer Wortfamilie, indem du mit Vorsilben oder anderen Wortteilen neue Wörter bildest.

fahren: abfahren, auffahren, umfahren, …
Fahrrad, Fahrt, Gefahr, Fähre, Fahrplan, Fahrzeug, Rückfahrt, Fahrer, Vorfahrt, Erfahrung, Einfahrt, Ausfahrt, Fahrkarte, …

Schreibe Wörter zur Wortfamilie **malen** auf.
Markiere den Wortstamm.

Texte abschreiben

Gehe Schritt für Schritt vor, wenn du einen Text abschreibst.

- Lies den Text. Prüfe, ob du alle Wörter verstanden hast.
- Lies so viel, wie du auswendig aufschreiben kannst. — Die Hasen
- Sieh dir die Wörter genau an.
  Achte auf schwierige Stellen. — fliegen
- Teile längere Wörter in Silben ein. — Ra-ben
- Decke den Text ab. — toben
- Schreibe die Wörter auf und sprich sie leise mit.
- Überprüfe sofort.
  Wenn du ein Wort falsch geschrieben hast,
  streiche es durch und schreibe das Wort richtig auf. — ~~schwaz~~ schwarz

Dann lies wieder so viel, wie du auswendig schreiben kannst.

Die Hasen toben auf dem Rasen.
Da fliegen schwarze Raben vorbei.
Sie jagen die Hasen über den Rasen.
Da schlagen die Hasen Haken und
laufen schnell weg.

Schreibe den Text ab. Achte auf die Schritte.

Sätze richtig schreiben

Das erste Wort im Satz wird großgeschrieben.
Am Ende eines Satzes steht das Satzzeichen: . ? !

Schreibe die Sätze richtig auf. Ergänze das Satzzeichen.

willst du mitspielen ■ toll ■

wir können mit dem Ball spielen ■

Eigene Texte prüfen

Gehe Schritt für Schritt vor, wenn du einen Text prüfst.

- Lies den Text. Prüfe, ob der Text verständlich ist.
- Prüfe, ob am Satzende Satzzeichen stehen.
- Prüfe, ob du Satzanfänge großgeschrieben hast.

Willst du überprüfen, ob noch Fehler in einem Text sind, dann lies ihn rückwärts, Wort für Wort. Du musst jedes Wort genau so lesen, wie es geschrieben steht.

- Prüfe, ob ein Buchstabe fehlt.

Dort ~~lebn~~ viele Tiere.
leben

- Prüfe, ob ein Buchstabe zu viel ist.

Benni freut sich auf die ~~Feirien~~.
Ferien

- Prüfe, ob Buchstaben in einem Wort vertauscht sind.

Mit ~~Kazten~~ spielt er besonders gerne.
Katzen

Prüfe einen deiner Texte.
Achte auf die Schritte.

Tipp:

Wenn du nicht sicher bist, wie ein Wort geschrieben wird, hilft es dir oft, das Wort zu verändern.
Viele Wörter kannst du verlängern.

geht – gehen Hund – Hunde lieb – lieben
Wald – Wälder warm – wärmer

Wörterliste

Aa

der **Abend**, die Abende
aber
acht
alle, alles
alt, älter
die **Ampel**, die Ampeln
antworten, sie antwortet
der **Apfel**, die Äpfel
der **April**
arbeiten, er arbeitet
der **Arm**, die Arme
der **Ast**, die Äste
die **Aufgabe**, die Aufgaben
das **Auge**, die Augen
der **August**
das **Auto**, die Autos

Bb

das **Baby**, die Babys
baden, sie badet
der **Ball**, die Bälle
die **Bank**, die Bänke
der **Bauch**, die Bäuche
bauen, er baut
der **Baum**, die Bäume
das **Bein**, die Beine
bewegen, sie bewegt
bezahlen, er bezahlt
die **Biene**, die Bienen
das **Bild**, die Bilder
die **Birne**, die Birnen
bitten, er bittet
das **Blatt**, die Blätter
blau
bleiben, sie bleibt
der **Block**, die Blöcke
die **Blume**, die Blumen
blühen, sie blüht
die **Blüte**, die Blüten
der **Boden**, die Böden
böse, böser
braun
der **Brief**, die Briefe
bringen, er bringt
das **Brot**, die Brote
das **Brötchen**, die Brötchen
die **Brücke**, die Brücken
der **Bruder**, die Brüder
das **Buch**, die Bücher
bunt, bunter
der **Busch**, die Büsche

Cc

der **Cent**, die Cents
der **Christbaum**, die Christbäume
der **Computer**, die Computer

Dd

danken, sie dankt
die **Decke**, die Decken
denken, er denkt
der **Dezember**
der **Dieb**, die Diebe
der **Dienstag**
der **Donner**
der **Donnerstag**
drei
dunkel, dunkler

Ee

das **Ei**, die Eier
eins
elf
die **Eltern**
das **Ende**, die Enden
eng, enger
die **Ente**, die Enten
die **Erde**
essen, sie isst
die **Eule**, die Eulen
der **Euro**, die Euros

Ff

fahren, er fährt
fallen, sie fällt
die **Familie**, die Familien
fangen, er fängt
der **Februar**
fein, feiner
das **Feld**, die Felder
das **Fenster**, die Fenster
finden, sie findet
der **Finger**, die Finger
fliegen, er fliegt
der **Flügel**, die Flügel
fragen, sie fragt
die **Frau**, die Frauen
der **Freitag**
fremd, fremder
der **Fremde**, die Fremden
sich **freuen**, er freut sich
die **Freude**
der **Freund**, die Freunde
die **Freundin**, die Freundinnen
frisch, frischer
die **Frucht**, die Früchte

der **Frühling**
füllen, sie füllt
der **Füller**, die Füller
fünf
der **Fuß**, dic Füße

Gg

der **Garten**, die Gärten
geben, er gibt
gehen, sie geht
die **Geige**, die Geigen
gelb
das **Geld**
das **Gemüse**
das **Gesicht**, die Gesichter
gestern
gesund, gesünder
die **Glocke**, die Glocken
das **Gras**, die Gräser
groß, größer
grün
gut, besser

Hh

das **Haar**, die Haare
haben, sie hat
der **Hagel**
der **Hals**, die Hälse
halten, er hält
die **Hand**, die Hände
hart, härter
der **Hase**, die Hasen
das **Haus**, die Häuser
die **Haut**, die Häute
die **Hecke**, die Hecken
heiß, heißer
heißen, sie heißt
helfen, er hilft
hell, heller
das **Hemd**, die Hemden
der **Herbst**
der **Herr**, die Herren
heute
die **Hexe**, die Hexen
die **Hilfe**
der **Himmel**
hören, er hört
die **Hose**, die Hosen
der **Hund**, die Hunde
hundert

Ii

der **Igel**, die Igel
die **Insel**, die Inseln
ihm
ihn, ihnen
ihr, ihre
immer

Jj

das **Jahr**, die Jahre
der **Januar**
der **Juli**
der **Junge**, die Jungen
der **Juni**

Kk

der **Käfer**, die Käfer
der **Kalender**, die Kalender
kalt, kälter
die **Kälte**
die **Katze**, die Katzen
kaufen, er kauft
das **Kind**, die Kinder
das **Kino**, die Kinos
die **Klasse**, die Klassen
das **Kleid**, die Kleider
klein, kleiner
kommen, sie kommt
können, er kann
der **Korb**, die Körbe
der **Kopf**, die Köpfe
der **Körper**, die Körper
krank, kränker
das **Kraut**, die Kräuter
der **Krug**, die Krüge
die **Kugel**, die Kugeln
die **Kuh**, die Kühe

Ll

laufen, sie läuft
laut, lauter
leben, er lebt
legen, sie legt
leicht, leichter
leise, leiser
lernen, er lernt
lesen, sie liest
die **Leute**
das **Lexikon**
das **Licht**, die Lichter
lieb, lieber
lieben, er liebt
liegen, sie liegt
lila
die **Locke**, die Locken
die **Luft**

Mm

machen, sie macht
das **Mädchen**, die Mädchen
der **Mai**
malen, er malt
man
der **Mann**, die Männer

der **Mantel**, die Mäntel
der **März**
die **Maus**, die Mäuse
das **Mikroskop**, die Mikroskope
die **Minute**, die Minuten
der **Mittwoch**
mixen, er mixt
der **Monat**, die Monate
der **Montag**
morgen
der **Mund**, die Münder
müssen, er muss
die **Mutter**, die Mütter
die **Mütze**, die Mützen

Nn

die **Nacht**, die Nächte
der **Name**, die Namen
die **Nase**, die Nasen
der **Nebel**
nehmen, sie nimmt
neu, neuer
neun
der **November**
die **Nudel**, die Nudeln

Oo

das **Obst**
das **Ohr**, die Ohren
der **Oktober**
der **Onkel**, die Onkel
Ostern

Pp

das **Päckchen**, die Päckchen
das **Papier**, die Papiere
die **Pfanne**, die Pfannen
der **Pfau**
der **Pfeffer**
die **Pfeife**, die Pfeifen
das **Pferd**, die Pferde
die **Pflanze**, die Pflanzen
pflanzen, sie pflanzt
das **Pflaster**, die Pflaster
pflegen, er pflegt
die **Pfote**, die Pfoten
die **Pfütze**, die Pfützen
der **Pinsel**, die Pinsel
die **Pizza**, die Pizzas
der **Platz**, die Plätze
die **Pommes**
die **Post**
die **Puppe**, die Puppen

Qq

das **Quadrat**, die Quadrate
quaken, er quakt

Rr

der **Rauch**
die **Raupe**, die Raupen
rechnen, sie rechnet
reden, er redet
der **Regen**
reich, reicher
reisen, er reist
reiten, sie reitet
der **Rock**, die Röcke
rollen, es rollt
rot
der **Rücken**, die Rücken
rufen, sie ruft

Ss

der **Saft**, die Säfte
sagen, er sagt
das **Salz**
der **Samstag**
der **Sand**
der **Satz**, die Sätze
die **Schachtel**, die Schachteln
schauen, sie schaut
scheinen, es scheint
die **Schere**, die Scheren
schlafen, er schläft
schlagen, sie schlägt
der **Schlauch**, die Schläuche
der **Schmetterling**, die Schmetterlinge
die **Schnecke**, die Schnecken
der **Schnee**
schneiden, er schneidet
schnell, schneller
schön, schöner
der **Schrank**, die Schränke
schreiben, sie schreibt
schreien, er schreibt
der **Schuh**, die Schuhe
die **Schule**, die Schulen
die **Schüssel**, die Schüsseln
schwarz
die **Schwester**, die Schwestern
sechs
sehen, sie sieht
die **Seife**, die Seifen
die **Sekunde**, die Sekunden
selten

der **September**
das **Sieb**, die Siebe
sieben
singen, sie singt
sitzen, er sitzt
die **Socke**, die Socken
der **Sohn**, die Söhne
sollen, er soll
der **Sommer**
die **Sonne**
der **Sonntag**
die **Spagetti**
sparen, sie spart
spielen, er spielt
der **Sport**
spritzen, es spritzt
die **Stange**, die Stangen
der **Stängel**, die Stängel
stehen, sie steht
der **Stein**, die Steine
stellen, er stellt
der **Stempel**, die Stempel
der **Stern**, die Sterne
der **Stiefel**, die Stiefel
der **Stift**, die Stifte
still, stiller
der **Stock**, die Stöcke
die **Stirn**
der **Strand**
die **Straße**, die Straßen
der **Strauch**, die Sträucher
der **Strumpf**, die Strümpfe
der **Stuhl**, die Stühle
die **Stunde**, die Stunden
suchen, sie sucht

T t

die **Tafel**, die Tafeln
der **Tag**, die Tage
die **Tante**, die Tanten
die **Tasche**, die Taschen
die **Tatze**, die Tatzen
das **Taxi**, die Taxis
der **Teddy**, die Teddys
der **Tee**
das **Telefon**, die Telefone
die **Temperatur**
der **Text**, die Texte
das **Thermometer**
das **Tier**, die Tiere
der **Tiger**, die Tiger
der **Tisch**, die Tische
die **Tochter**, die Töchter
der **Topf**, die Töpfe
tragen, er trägt
der **Traum**, die Träume
trinken, sie trinkt
turnen, er turnt

U u

üben, sie übt
die **Uhr**, die Uhren

V v

die **Vase**, die Vasen
der **Vater**, die Väter
das **Veilchen**, die Veilchen
der **Verkehr**
verschieden
verspeisen, sie verspeist
versuchen, er versucht
viel
violett
vier
der **Vogel**, die Vögel

W w

warm, wärmer
die **Wärme**
warten, sie wartet
waschen, er wäscht
das **Wasser**
der **Weg**, die Wege
Weihnachten
weiß
weit, weiter
werden, er wird
das **Wetter**
die **Wiese**, die Wiesen
wild, wilder
der **Wind**, die Winde
der **Winter**
die **Woche**, die Wochen
die **Wolke**, die Wolken
wollen, er will
das **Wort**, die Wörter
wünschen, sie wünscht
die **Wurzel**, die Wurzeln

Z z

die **Zahl**, die Zahlen
zählen, er zählt
der **Zahn**, die Zähne
der **Zaun**, die Zäune
zehn
zeigen, sie zeigt
die **Zeit**, die Zeiten
das **Zimmer**, die Zimmer
die **Zitrone**, die Zitronen
der **Zucker**
zusammen
zwei
der **Zwerg**, die Zwerge
die **Zwiebel**, die Zwiebeln
zwölf

	Sprechen und Zuhören	Lesen/Mit Texten und Medien umgehen
Die Welt der Wörter (S. 7–31)	zu einem Bild (-ausschnitt) erzählen **(12/13)**; Geheimsprache: i-Wörter **(23)**	Gedanken und Gefühle zu Texten äußern **(durchgängig)**; Gedichte und Reime lesen **(7, 14, 16, 22, 26, 31)**; Sätze und Geschichten lesen **(8–11, 24, 28–30)**; Lesefertigkeit: Wörter in Silben lesen **(11)**; Reimwörter ergänzen **(14/15)**; Wort-Bild-Kombinationen lesen **(16)**; klanggestaltend lesen **(16, 26, 28–30)**; genau lesen **(17, 31)**; sinnentnehmend lesen **(17, 18/19)**; Lesefertigkeit: verwurfelte Satze lesen **(19)**; mit verteilten Rollen lesen **(28–30)**
Ich, du, wir (S. 32–59)	verständlich sprechen und anderen verstehend zuhören **(33)**; betont sprechen **(39)**; zu einem Bild (-ausschnitt) erzählen **(48)**; die eigene Meinung äußern und begründen **(48)**; Gesprächsregeln entwickeln und einhalten **(48/49, 54)**; eigene Ideen einbringen und sich zu Gedanken anderer äußern **(49)**; Mimik und Gestik beschreiben **(52/53)**; Gefühle pantomimisch darstellen **(53)**; über ein Thema sprechen, demokratische Verhaltensweisen einüben **(54)**; von Freunden erzählen **(55)**; deutlich sprechen **(58)**	Gedanken und Gefühle zu Texten äußern **(durchgängig)**; Gedichte und Reime lesen **(32)**; Sätze und Geschichten lesen **(34–37, 40/41, 44–46, 50/51, 52/53, 56, 57)**; Lesefertigkeit: Wörter mit s-Lauten lesen **(39)**; Lesefertigkeit: zusammengesetzte Nomen lesen **(47)**; Lesefertigkeit: sinnentnehmend durch unterschiedliche Betonung lesen **(53)**; konkrete Poesie **(55)**; Lesefertigkeit: in Wörtern versteckte Namen lesen **(53)**
Hier und anderswo (S. 60–77)	eine Auswahl begründen **(62)**; mit anderen über ein Thema sprechen **(63, 65)**; zu einem Bild (-ausschnitt) erzählen **(68)**; Bilder beschreiben **(73)**	Gedanken und Gefühle zu Texten äußern **(durchgängig)**; Sachtexte lesen **(60, 66, 72)**; Interview lesen **(62)**; in kurzen Texten gezielt Informationen finden **(65)**; im Internet recherchieren **(68, 69)**; Spielanleitung lesen und umsetzen **(69)**; Lesefertigkeit: Zungenbrecher lesen **(70)**; Gedicht lesen **(73)**; Geschichte lesen **(74)**
Fit und gesund (S. 78–93)	zu einem Bild (-ausschnitt) erzählen **(78/79, 88)**; pantomimisch darstellen **(83)**; rhythmisch sprechen **(84)**; eine Entscheidung begründen **(87)**	Gedanken und Gefühle zu Texten äußern **(durchgängig)**; Zeichen (Piktogramm) verstehen **(78)**; Pläne lesen und verstehen **(80)**; Lesefertigkeit: lange Wörter lesen **(80)**; Gedichte und Verse lesen **(82/83, 84)**; Sachtexte lesen **(85, 86/87)**; Geschichte lesen **(90)**; Anweisungen lesen und umsetzen **(87, 89)**; Lesefertigkeit: Wörter rückwärts lesen **(89)**; Fragen zum Text beantworten **(90)**
Wie die Zeit vergeht (S. 94–109)	Wortbild beschreiben und Auswahl begründen **(95)**; Redewendungen erklären **(96)**; eigene Ideen einbringen und sich zu Gedanken anderer äußern **(99)**; von einem Sonntagnachmittag erzählen **(103)**; einen Text mithilfe von Schlüsselwörtern wiedergeben **(105)**; von eigenen Erlebnissen erzählen **(106)**; berichten **(107)**	Gedanken und Gefühle zu Texten äußern **(durchgängig)**; Gedichte lesen **(94, 102)**; passende Überschrift finden **(94)**; Wortbilder lesen **(95)**; Geschichten auf Stimmigkeit prüfen **(96)**; Lesefertigkeit: von unten nach oben lesen **(96)**; Geschichten lesen **(98/99, 106)**; Zeit-Begriffe sammeln **(99)**; Sachtexte lesen **(104/105)**; Schlüsselwörter notieren **(105)**; Fragen zum Text beantworten **(105)**; zu einem Thema recherchieren **(105)**

Schreiben/Texte verfassen	Richtig schreiben	Sprache und Sprachgebrauch untersuchen/ Sprachbewusstsein entwickeln
mit Reimwörtern ein Gedicht schreiben **(15)**; mit Reimwörtern ein Spiel gestalten **(15)**; wachsende Sätze schreiben **(19)**; Namen-ABC schreiben **(20)**; zu Bildern schreiben **(24)**	Großschreibung von Nomen **(12)**; Großschreibung am Satzanfang **(19)**; Punkt am Satzende **(19)**; Wörter nach dem ABC ordnen **(20, 21)**; nachschlagen **(21)**; Wörter mit Qu/qu **(27)**	Nomen **(12)**; Einzahl – Mehrzahl **(13, 25)**; Reimwörter sammeln **(15)**; Aussagesatz **(19)**; das ABC kennen und nutzen **(20/21)**; Selbstlaute – Mitlaute **(23)**; bestimmter Artikel **(25)**; Wörter mit Qu/qu sammeln **(27)**
einen Ich-Text schreiben **(33)**; Briefe schreiben **(47)**; Mitschüler beschreiben **(51)**; von einem Besuch erzählen **(57)**	Sätze schreiben und kontrollieren: Großschreibung am Satzanfang, Punkt am Satzende **(38/39)**; Wörter mit ß **(39)**, Wörter mit B/b und P/p im Anlaut und Inlaut **(58)**; Wörter mit g und k im Inlaut **(59)**; Wörter mit D/d und T/t im Anlaut und Inlaut **(59)**; Laute abhören **(59)**	Sätze bilden **(38)**; Verben: Grundform, Personalform **(42/43)**
Mitschüler vorstellen **(63)**; Klassenraum beschreiben **(65)**; einen Text in der Ich-Form aufschreiben **(67)**; Sätze schreiben **(70, 75)**; die eigene Straße beschreiben **(72)**	Wörter mit Sp/sp **(70)**; nachschlagen **(70, 71)**; Wörter mit St/st **(71)**; Wörtertürme bilden **(71)**; ableiten a – ä **(76)**; ableiten au – äu **(77)**	Verben in der Personalform verwenden **(67)**; Wortfamilie spielen **(70)**; Adjektive **(73, 75)**; Einzahl – Mehrzahl **(76)**; Umlaute **(76)**
Plakate gestalten **(81)**; Abzählverse aufschreiben **(84)**; Anleitung aufschreiben **(89)**	Fragezeichen **(80)**; Komma bei Aufzählung **(91)**; Ausrufezeichen **(92)**; Auslautverhärtung **(93)**; Schreibweise durch Verlängern prüfen **(93)**	Fragesatz **(80)**; Wortfeld gehen **(82/83)**; Adjektive **(88)**; Sammelbegriffe **(91)**; Ausrufesatz **(92)**
Wortbilder gestalten **(95)**; eine Geschichte/einen Text schreiben **(96, 103, 108)**; Wünsche aufschreiben **(97)**; Ideen in einem Cluster notieren **(103)**; Texte mit dem Partner überarbeiten **(103)**	Silbentrennung **(100)**; prüfen, ob in jeder Silbe Selbstlaut, Umlaut oder Doppellaut steht **(100)**; Endungen -el, -en, -er **(101)**; Wörter mit Pf/pf **(109)**; Schreibweise mit Wörterliste prüfen **(109)**	zusammengesetzte Nomen **(97)**; Doppellaute (Zwielaute) au und ei **(100)**; Wortfamilien schlafen, reisen **(108)**; Wortstamm **(108)**

	Sprechen und Zuhören	Lesen/Mit Texten und Medien umgehen
Bücher und andere Medien (S. 110–133)	über Fernsehsendungen sprechen **(110/111)**; Gesprächsregeln einhalten **(111)**; Sätze betont artikulieren **(112)**; vortragen und zuhören **(126)**; eine Auswahl begründen **(125, 126)**; eine Meinung begründen **(131)**	Gedanken und Gefühle zu Texten äußern **(durchgängig)**; sinnentnehmend lesen **(113)**; genau lesen **(113)**; Autorenporträt lesen **(114/115)**; Geschichten lesen **(118/119, 132/133)**; Anleitungen erlesen und danach handeln **(120/121)**; sich in der Bibliothek ein Buch ausleihen **(122/123)**; Bücher lesen, die man nach eigenem Interesse ausgewählt hat **(123, 124)**; Lesefertigkeit: Bildwörter lesen **(123)**; ein Kinderbuch vorstellen **(125)**; in altersgemäßen Kinderbüchern lesen und über die Leseeindrücke sprechen **(131)**; sich über Lesemotive und Gelesenes austauschen **(131)**
Wasser und Luft (S. 134–145)	zu Bildern erzählen **(134/135)**; ein Gedicht mit Geräuschen gestalten **(138)**; ein Gedicht mit Betonung vortragen **(138)**	Gedanken und Gefühle zu Texten äußern **(durchgängig)**; verschiedene Textsorten zu einem Thema lesen **(134/135)**; Lesefertigkeit: vertauschte Silben lesen **(136)**; Gedichte lesen **(137, 138)**; Zeichen lesen **(141)**; Geschichten lesen **(141, 142)**; Sachtexte lesen **(144)**; Fragen zum Text beantworten **(144)**; Versuchsanleitungen lesen und verstehen **(145)**
Fantasie und Märchen (S. 146–163)	zu einem Bild (-ausschnitt) erzählen **(146, 157, 158)**; Märchenfiguren vorspielen **(151)**; szenisch spielen **(155/156)**; Fragen zu einem Bild formulieren **(158)**; eine Auswahl begründen **(159)**	Gedanken und Gefühle zu Texten äußern **(durchgängig)**; Geschichten lesen **(148/149, 154/155, 160/161)**; Fragen zum Text beantworten **(149)**; Filme und Hörbücher kennen **(149)**; Gedichte lesen **(150, 156, 162, 163)**; Lesefertigkeit: Reimwörter lesen **(151)**
Der Natur auf der Spur (S. 164–179)	zu einem Bild erzählen **(164, 176)**; eine Auswahl begründen **(175)**; einen Steckbrief vorstellen **(177)**	Gedanken und Gefühle zu Texten äußern **(durchgängig)**; Gedichte lesen **(164)**; Sachtexte lesen **(165, 168, 170/171, 172, 176)**; Fragen zum Text beantworten **(165, 168, 173)**; unbekannte Wörter verstehen **(168)**; Lesefertigkeit: Wörter schneller lesen (Signalgruppen) **(169)**; in Sachbüchern und im Internet recherchieren **(174)**; Geschichten lesen **(174/175)**
Die Jahresuhr (S. 180–199)	über Bräuche sprechen **(182)**; szenisch spielen **(185)**; eine Auswahl begründen **(198)**	Gedanken und Gefühle zu Texten äußern **(durchgängig)**; einen Text mit verteilten Rollen lesen **(180/181, 188/189)**; Sachtexte lesen **(182, 183, 187, 190, 194, 198)**; Geschichten lesen **(184/185, 191)**; einen Comic lesen **(186)**; Fragen zum Text beantworten **(186)**; Gedichte lesen **(192, 193)**; Bildern Sätze aus dem Text zuordnen **(195)**; Glückwünsche in verschiedenen Sprachen lesen **(196)**
Werkstatt (S. 200–223)	miteinander sprechen: sich begrüßen, danken, telefonieren **(200)**; Gesprächsregeln einhalten **(200)**; deutlich sprechen **(201)**; erzählen **(201)**; einen Vortrag halten **(202)**; ein Gedicht vortragen, szenisch darstellen **(201)**; zuhören **(202)**; eine Rückmeldung geben **(202)**	Wörter lesen: blitzlesen, lange Wörter lesen **(204)**; genau lesen: sinnentnehmend **(205)**; Satzzeichen beachten **(205)**; Vermutungen zu Überschriften äußern **(206)**; Texte mit Bildern lesen **(206)**; Gedanken und Gefühle zu Texten äußern **(207)**; unbekannte Wörter verstehen **(208)**; Fragen zu einem Text stellen und beantworten **(208)**; einen Text mithilfe von Schlüsselwörtern wiedergeben **(209)**

Schreiben/Texte verfassen	Richtig schreiben	Sprache und Sprachgebrauch untersuchen/ Sprachbewusstsein entwickeln
Texte überarbeiten **(116)**; einen Arbeitsplan schreiben **(116)**; Texte ausstellen **(117)**; eine Bastelanleitung schreiben **(121)**; Abfolge beachten: Satzanfänge **(121)**; Ideen und Ausleihregeln aufschreiben **(124)**	Rechtschreibung in eigenen Texten überprüfen **(117)**; ähnlich klingende Wörter richtig schreiben **(128/129)**; Wörter mit eu **(129)**; Wörter mitsprechen (Pilotsprache), Schreibweise kontrollieren **(130)**; Auslautverhärtung **(130)**; Schreibweise durch Verlängern prüfen **(130)**	Wortfeld sprechen **(112)**; Verben mit Vorsilben/Wortbausteinen bilden **(112)**; unbestimmter Artikel **(124)**; Wortbausteine ver- und vor- **(127)**; Doppellaut (Zwielaut) eu **(129)**
passende Wörter einsetzen **(136)**; ein Haiku schreiben **(137)**; einen Ausflugsplan schreiben **(141)**	prüfen, ob in jeder Silbe Selbstlaut, Umlaut oder Doppellaut steht **(136)**; Sätze schreiben und kontrollieren: Großschreibung **(139)**; kurze und lange Selbstlaute **(140)**; doppelter Mitlaut **(143)**	zusammengesetzte Nomen **(136)**
Sprechblasen gestalten **(147)**; Hexen-ABC schreiben **(156)**; zu einem Bild schreiben **(157)**; eine Geschichte zu einem Bild schreiben **(158)**; zu einem Gegenstand schreiben **(159)**; eine Geschichte weiterschreiben **(161)**; ein Gedicht (Avenida) nach Vorgaben schreiben und ausstellen **(163)**	Wörter mit aa, ee, oo **(152)**; passende Satzzeichen einsetzen **(153)**; Wörter mit x **(157)**; Wörter mit ch **(162)**	Verben, Wortstamm **(152)**; Adjektive verändern, Gegensatzpaare bilden **(153)**
Beobachtungen aufschreiben **(166)**; Reimwörter schreiben **(169)**; ein Gedicht (Achrostikon) nach Vorgaben schreiben **(173)**; Haustier-Steckbriefe schreiben und ausstellen **(177)**; Quizfragen schreiben **(179)**	Wörter mit r nach Vokal **(167)**; Wörter mit V/v **(167)**; Wörter mit ck und tz **(169)**; Wörter mit ie und i **(178)**; Tiere nach dem ABC ordnen **(178)**	
ein Martinsbuch gestalten **(182)**; eine Dankeskarte schreiben **(186)**; Weihnachtsgrüße in verschiedenen Sprachen sammeln **(186)**; eine Muttertagskarte gestalten **(196)**; Einladungen gestalten **(197)**; Ferientipps und Ideen sammeln **(199)**		
Texte mithilfe von Stichwörtern planen **(210)**; Ideen in einem Cluster sammeln **(210)**; zu einem Bild schreiben **(211)**; eine Geschichte weiterschreiben **(211)**; zusammen eine Geschichte schreiben **(212)**; beschreiben **(212)**; ein Gedicht (Rondell) nach Vorgaben schreiben **(213)**; Texte überarbeiten: Schreibkonferenz **(213)**; Geschichten sprachlich überarbeiten **(214)**; Texte gestalten und ausstellen **(215)**	lautgetreue Wörter schreiben **(216)**; Laute ersetzen **(216)**; Wörter verändern, verlängern, in Silben sprechen **(217)**; Wörter mit schwierigen Stellen schreiben **(218)**; Doppellaute (Zwielaute) **(218)**; Wörter in Silben zerlegen, Silben zusammensetzen **(219)**; Nomen großschreiben **(220)**; Texte abschreiben **(222)**; Sätze schreiben: Großschreibung am Satzanfang, Satzzeichen **(222)**; Texte prüfen und verbessern **(223)**	Nomen erkennen: Artikel, Mehrzahl **(220)**; Verben erkennen: Grundform, Personalform **(220)**; Adjektive erkennen **(221)**; Wortfamilien erkennen: Wortstamm **(221)**

Textquellenverzeichnis

S. 7 Klaus H. Sindern: Wörter. Originalbeitrag; **S. 8–11** Janosch: Post für den Tiger. © 1980 Beltz & Gelberg in der Verlagsgruppe Beltz, Weinheim & Basel; **S. 12/13** Kari Grossmann: Fest auf dem Hinterhof. Aus: Suchen und finden, deutsch von Angelika Kutsch, Verlag Friedrich Oetinger, Hamburg 1997; **S. 14** Jule Ehlers-Jule: In meinem Haus ... Aus: spielen und lernen, Heft 6, Juni 1989; **S. 16** KNISTER: Kribbelnase. Aus: Hatschi! Das kunterbunte Schnupfennasenbuch, Illustrationen von Sabine Lohf, Arena Verlag, Würzburg 1995; **S. 17** Heiko Balhorn: Einer zu viel, Illustrationen © Detlev Kersten. Aus: spielen und lernen, Heft 7, Juli 1989; **S. 22** Josef Guggenmos: Das ABC im Rückwärtsgang. Aus: Sonne, Mond und Luftballon, © 1991 Beltz & Gelberg in der Verlagsgruppe Beltz, Weinheim & Basel; **S. 24** Matthias Sodtke: Geschichten von Nulli und Priesemut. Aus: Mit Nulli und Priesemut lerne ich spielend das ABC, Lappan Verlag, Oldenburg 1999, © Matthias Sodtke, Hannover; **S. 25** Matthias Sodtke: Qu/qu wie Quatsch machen. Aus: Mit Nulli und Priesemut lerne ich spielend das ABC, a. a. O.; **S. 28–30** Paul Maar: Das kleine Känguru auf Abenteuer. © Verlag Friedrich Oetinger, Hamburg; **S. 31** Mira Lobe: Der verdrehte Schmetterling. Aus: Zwei Elefanten, die sich gut kannten, Jungbrunnen Verlag, Wien/München 1996; **S. 32** Klaus Kordon: Ich bin ein Wunder. Aus: Hans-Joachim Gelberg (Hrsg.): Das achte Weltwunder, © 1979 Beltz & Gelberg in der Verlagsgruppe Beltz, Weinheim & Basel; **S. 34–37** Imme Dros: Ich will die! Übersetzt von Marie-Thérèse Schins, mit Illustrationen von Harrie Geelen, © 2007 Parabel in der Verlagsgruppe Beltz, Weinheim & Basel; **S. 40/41** Anne Steinwart: Küchendienst. Aus: Jule Mogelvogel, Arena Verlag, Würzburg 1996; **S. 44–46** Janosch: Bei Liebeskummer Apfelmus. Bassermann Verlag, München 2003, © LITTLE TIGER Verlag GmbH, Vastorf; **S. 50/51** Angelika Koch: Lisa kann was. Aus: Christa Stewens (Hrsg.): Na und!, Arena Verlag, Würzburg 2003; **S. 52/53** Manuela Olten: Wahre Freunde. Bajazzo Verlag, Zürich 2005; **S. 55** Hans Manz: Fünf Freundinnen. Aus: Die Welt der Wörter, Sprachbuch für Kinder und Neugierige, © 2003 Beltz & Gelberg in der Verlagsgruppe Beltz, Weinheim & Basel; Hans Manz: Zwei Brüder. Aus: Hans-Joachim Gelberg (Hrsg.): Überall und neben dir, © 1986 Beltz & Gelberg in der Verlagsgruppe Beltz, Weinheim & Basel; **S. 56** Walter Wippersberg: Der alte und der kleine Max. Aus: Max, der Unglücksrabe, mit Illustrationen von Susann Opel-Götz, © 1990 Nagel & Kimche im Carl Hanser Verlag, München; **S. 57** Anne Steinwart: Besuch. Aus: Mensch, Jule! Arena Verlag, Würzburg 1997; **S. 62** Beatrix Schnippenkoetter: Mukta, 8, aus Gazipur in Bangladesch (gekürzt). Aus: Ich wäre gern ein Huhn, mit Illustrationen von Jens Rassmus, © Campus Verlag 2006 Frankfurt/New York; **S. 72** Meine Stadt – meine Straße. www.kinderstrasse.com/inhalt/frankfurtam/ffmindex.htm (Zugriff: Juni 2010); **S. 73** Imants Ziedonis: In einer Stadt. Aus: Praxis Deutsch, Nr. 119, 1993, Friedrich Verlag, Seelze; **S. 74** Klaus-Peter Wolf: Tiger und Tom sind unzertrennlich (gekürzt). Mit Illustrationen von Jan Birck, © 2000 Loewe Verlag GmbH, Bindlach; **S. 82/83** Rosemarie Künzler-Behncke: Was ich alles mit den Füßen machen kann. Aus: Gerlind Belke: Poesie und Grammatik, Schneider Verlag, Hohengehren 2007; **S. 85** Christine Rank: Yoga. Aus: Der kleine Yogi, Menschenkinder Verlag, Münster 1998; **S. 86/87** Baron Baptiste: Mein Papa ist eine Brezel. Illustriert von Sophie Fatus, aus dem Englischen von Susanne Janschitz, Moses Verlag, Kempen 2005, Titel der Originalausgabe: My Daddy is a Pretzel. © 2004 by Barefoot Books Ltd., Bath; **S. 90** Anne Steinwart: Es riecht nach gestern. Aus: Jule Mogelvogel, a. a. O.; **S. 94** Gerald Jatzek: Die Zeit. Aus: Hans-Joachim Gelberg (Hrsg.): Großer Ozean, © 2000 Beltz & Gelberg in der Verlagsgruppe Beltz, Weinheim & Basel; **S. 98/99** Helga Höfle: Peter sammelt die Zeit. Illustriert von Hildegard Müller, Ginsheim. Aus: Helga Höfle: Weihnachts- und Wintergeschichten, Franz Schneider Verlag, München 1993; **S. 102** Peter Maiwald: Sonntagnachmittag. Aus: Amelie Fried (Hrsg): Ich liebe dich wie Apfelmus, cbj Verlag, München 2006, © Peter Maiwald; **S. 104** Wie lernten die Menschen rechnen? Nach: Christa Erichson: Von Lichtjahren, Pyramiden und einem regen Wurm, hrsg. von Heiko Balhorn, Verlag für Pädagogische Medien, Hamburg 1991; **S. 106** Wolf Erlbruch: Nachts (gekürzt). Peter Hammer Verlag, Wuppertal 1999, © Wolf Erlbruch; **S. 114/115** Anne Steinwart: Zu Besuch bei Anne Steinwart. Originalbeitrag; **S. 118/119** Anne Steinwart: Hotte und das Unzelfunzel. Mit Illustrationen von Silke Brix-Henker, © 1994 Loewe Verlag GmbH, Bindlach; **S. 132/133** Martin Baltscheit: Der kleine Herr Paul mag Bücher (gekürzt). Mit Illustrationen von Ulf K., Berlin Verlag, Berlin 2008, © Terzio Verlag, München; **S. 134/135** Angelika Ehret: Zeitungsmeldung. Aus: Hans-Joachim Gelberg (Hrsg.): Oder die Entdeckung der Welt, © 1997 Beltz & Gelberg in der Verlagsgruppe Beltz, Weinheim & Basel; **S. 138** Erwin Moser: Gewitter. Aus: Gelberg Hans Joachim (Hrsg.): Überall und neben dir, a. a. O.; **S. 142** Janosch: Die Tauchfahrt. Aus: Die Maus hat rote Strümpfe an, © 1978 Beltz & Gelberg in der Verlagsgruppe Beltz, Weinheim & Basel; **S. 145** Luft einsperren. Nach: Joachim Hecker: Das Haus der kleinen Forscher, © 2007 by Rowohlt Berlin Verlag; Geheimnisvolle Flasche. Aus: Bernhard Schulz, u. a.: Warum ist der Himmel blau? Rowohlt Verlag, Reinbek 2005; **S. 150/151** Eva Rechlin: Das Märchenfest. Aus: Herbert Ossowski: Am warmen Ofen, Patmos Verlag, Düsseldorf 1988; **S. 154/155** Käthe Recheis: Die Lerche und die Klapperschlange (gekürzt). Aus: Käthe Recheis: Wie das Erdhörnchen zu seinen Streifen kam, KeRLE im Verlag Herder, Freiburg/Wien 1999; **S. 156** Ingrid Uebe: Heinrich möchte Hexe werden. Aus: Ingrid Uebe: Serafina Siebenschön, Kinderbuchverlag, Berlin 1996; **S. 160/161** Paul Maar: Robert und Tebor (gekürzt). Mit Illustrationen von Barbara Korthuis, © cbj Verlag, München, in der Verlagsgruppe Random House GmbH; **S. 164** Lutz Laufer: Das älteste und größte Lesewesen der Welt. Originalbeitrag; Eugen Roth: Der Baum. Aus dem Nachlass; **S. 166** Heiderose und Andreas Fischer-Nagel: Der Kastanienbaum. Nach: Der Kastanienbaum, Kinderbuchverlag, Luzern 1989; **S. 170/171** Ritter Igel. Aus: Flohkiste 7/1996, Domino Verlag, München; **S. 172** Der Igel. Aus: Tu was! 11/1994, Domino Verlag, München, Illustrationen © Christine Faltermayr, Starnberg; **S. 174/175** Anne Maar: Ein Wunschhund für Oskar (gekürzt). Mit Illustrationen von Verena Ballhaus, Tulipan Verlag, Berlin 2009; **S. 180/181** Anne Faber: Spaziergang im Septemberwind. Aus: Jahr und Tag, Thienemann Verlag GmbH, Stuttgart 1981; **S. 183** Am 6. Dezember ist Nikolaustag. Nach: http://www.labbe.de/zzzebra (Zugriff: August 2010); **S. 184/185** Masahiro Kasuya: Der kleine Stern. Übersetzt von Peter Bloch, Wittig Verlag, Kiel, 20. Aufl. 2010; **S. 188/189** Elisabeth Shaw: Die Schildkröte hat Geburtstag (gekürzt). © 2010 Beltz & Gelberg in der Verlagsgruppe Beltz, Weinheim & Basel; **S. 191** Georg Schwikart: Julia und Ibrahim. Patmos Verlag, Düsseldorf 1995, © Georg Schwikart; **S. 192** Sonja Keil: Ostern, Rechte bei Autorin; **S. 193** Christine Nöstlinger: Frühling. Aus: Der Frühling kommt, Schroedel Verlag, Hannover 1971; **S. 194** Marliese Arold, Elisabeth Zink-Pingel: Wenn der Maikäfer fliegt. Herold Verlag, München 1994; **S. 202** Josef Guggenmos: Der Fisch im Meer. Aus: Josef Guggenmos: Was denkt die Maus am Donnerstag? Deutscher Taschenbuch Verlag, München 2001; **S. 207** Wolfram Hänel: Moritz, der Angeber (gekürzt). Aus: Das verschwundene Handy, Arena Verlag, Würzburg 2005; **S. 209** Marjorie Weinman Sharmat: Nick Nase. Aus Nick Nase und das Rätsel am Strand. Aus dem Amerikanischen von Friedbert Stohner, Ravensburger Buchverlag, Ravensburg 2008.

Bildquellenverzeichnis

S. 21: (1) Rotraut Susanne Berner: Das ABC-Spielebuch. Copyright © 2010 Verlagshaus Jacoby & Stuart, Berlin; (2) Daniela Kulot, Das allerallbernste ABC-Buch © 2008 by Thienemann Verlag (Thienemann Verlag GmbH), Stuttgart/Wien; (3) Peter Hammer Verlag; (4) Tulipan Verlag; (5) Verlagsgruppe Oetinger; (6) S. Fischer Verlag. **S. 60:** (1) Getty Images/Niki Mareschal; (2) Bildagentur Geduldig; (3) Md. Akhlas Uddin/Photo Bangla. **S. 61:** (1) NordicPhotos/Look-foto; (2) J. A. Schloesser/Ostkreuz; (3) Länderpress/Vogelsang; (4, 5) mauritius images. **S. 64:** (1) Schapowalow/R. Harding; (2) laif; (3) dpa picture-alliance; (4) ddp images; (5) vario images; (6) ullstein bild/Impact; (7) Caro Fotoagentur. **S. 65:** Holde Schneider/Visum. **S. 66:** (1) Shout/Alamy; (2) The Photolibrary Wales/Alamy. **S. 68:** akg-images. **S. 88:** (1) Helmtrud Keck, Hövelhof; (2) Caro/Pries; (3) Sabine Köpp, Düsseldorf. **S. 89:** vario images. **S. 107:** (1) Caro Fotoagentur; (2) Wolfgang Heidl/Fotolia; (3) Lokomotiv/T. Willemsen; (4) vario images; (5) Megan Lorenz/Fotolia, (6) AP Images; (7) J. Neumann/version-foto.de. **S. 110:** (1, 5) ddp images; (2) vario images; (3) fotolia; (4) Ursula Röhnert; (6) © I. Schmitt-Menzel/WDR mediagroup licensing GmbH Die Sendung mit der Maus ® WDR; (7) ddp-images. **S. 114:** (1) Stadt Steinheim; (2–4) Anne Steinwart, Steinheim. **S. 115:** Anne Steinwart, Steinheim. **S. 122:** (1) SZ-Photo/Andreas Heddergott; (2) Torsten Silz/ddp; (3) Peter Wirtz, Dormagen. **S. 134:** (1) Scoutgirl/iStockphoto; (2) vario images; (3) Westend61; (4) KI/Helga Lade. **S. 135:** (1) MEV-Verlag, Augsburg; (2) C. Babbit/iStockphoto; (3) Foto: Album/Oronoz/akg, © Successsion H. Matisse/VG Bild-Kunst, Bonn 2010. **S. 137:** bpk/Museum für Asiatische Kunst, SMB/Jürgen Liepe. **S. 144:** SSPL/Getty Images. **S. 146:** © James Rizzi, www.james-rizzi.com. James Rizzi wird verlegt von Art28 – www.art28.com. **S. 147:** Schülerzeichnungen: Johanna Klügl, Andechs; Anna Trauner, Andechs; Franziska Reindl, Hadorf; Julian Engelbrecht, Andechs; Alicia Plank, Andechs; Clarissa Uhlig, Andechs. **S. 158:** Illustration Axel Scheffler aus: Julia Donaldson/Axel Scheffler, Für Hund und Katz ist auch noch Platz © 2001 Beltz & Gelberg in der Verlagsgruppe Beltz, Weinheim & Basel. **S. 164:** NPL/Arco Images. **S. 165:** istockphoto/groveb. **S. 166:** Heiderose u. Andreas Fischer-Nagel. **S. 168:** (1) © Biosphoto; (2) Fotex/Justus de Cuveland; (3) argum/Christian Lehsten; (4) vario images; (5) Karlheinz Oster. **S. 173:** (1) Hase und Igel Verlag, Ismaning 2007; (2) Knesebeck Verlag München; (3) Bibliographisches Institut, Mannheim 2009. **S. 176:** (1–3) Juniors Bildarchiv. **S. 180/181:** ullstein bild. **S. 182:** epd-bild/Steffen Schellhorn. **S. 186:** kipka comic. **S. 187:** (1) istock/Karen Mower; (2, 3, 5, 6, 7) Schneemannsammlung, Cornelius Grätz; (4) Heimatmuseum Reutlingen. **S. 190:** Brigitte Kraemer/teamwork. **S. 195:** Tierbildarchiv Angermayer.

VG Bild-Kunst, Bonn 2011: S. 135 (3).

Illustration: S. 31, 192/193 Renate Emme. **S. 60/61** Heike Herold. **S. 72** Wilfried Poll. **S. 240** Sandra Reckers

Trotz entsprechender Bemühungen ist es nicht in allen Fällen gelungen, den Rechteinhaber ausfindig zu machen. Gegen Nachweis der Rechte zahlt der Verlag für die Abdruckerlaubnis die gesetzlich geschuldete Vergütung.